「擺爛」是一種生活態度

GOBLIN MODE

How to Get Cozy, Embrace Imperfection, and Thrive in the Muck

擁抱不完美，
在爛泥中留下空間給別人……
以及自己。

MCKAYLA COYLE
麥凱拉・科伊爾
— 作者 —

C式r型
— 譯者 —

earth 027

「躺平」是一種生活態度：擁抱不完美，在爛泥中留下空間給別人……以及自己

原著書名／Goblin Mode: How to Get Cozy, Embrace Imperfection, and Thrive in the Muck
作者／麥凱拉·科伊爾（McKayla Coyle）　譯者／C 式 r 型
責任編輯／辜雅穗 封面設計／李東記 內頁排版／葉若蒂 印刷／卡樂彩色製版印刷有限公司

發行人／何飛鵬　總經理／黃淑貞　總編輯／辜雅穗
出版／紅樹林出版 臺北市中山區民生東路二段 141 號 7 樓 電話 02-25007008
發行／英屬蓋曼群島商家庭傳媒股份有限公司城邦分公司 客服專線 02-25007718
香港發行所／城邦（香港）出版集團有限公司 電話 852-25086231 Email: hkcite@biznetvigator.com
馬新發行所／城邦（馬新）出版集團 Cité(M)Sdn. Bhd. 電話 603-90578822 Email: cite@cite.com.my
經銷／聯合發行股份有限公司 電話 02-291780225

2023 年 12 月初版　定價 460 元　ISBN 978-626-97418-7-8

國家圖書館出版品預行編目 (CIP) 資料
「躺平」是一種生活態度：擁抱不完美，在爛泥中留下空間給別人……以及自己／麥凱拉．科伊爾（McKayla Coyle）著；C 式 r 型譯．-- 初版．-- 臺北市：紅樹林出版：英屬蓋曼群島商家庭傳媒股份有限公司城邦分公司發行，2023.12　224 面；12.8*19 公分．--（earth；27）　譯自：Goblin Mode：How to Get Cozy, Embrace Imperfection, and Thrive in the Muck　ISBN 978-626-97418-7-8(平裝)
1.CST: 人生哲學 2.CST: 生活指導 3.CST: 幸福
191.9　　112020272

獻給我的家人，他們全都有著美好的地精之心

歡迎各位地精

如果你拿起了這本書，表示你大概對接觸自己心中的地精天性有興趣，即使你還聽不懂這是什麼意思也一樣。你或許正在尋找更多接觸自然、感覺自己活在當下的方法。你也可能正在尋找一群不會批評你、充滿好奇心且和你有共同興趣的人（不論這些興趣有多麼不尋常）。你或許厭倦了一成不變的品味與風格，正在尋找更為舒適、更能代表自己的東西。不論你的動機是以上哪一種，地精人生都很可能是你要找的東西。

我們生活在以完美、協調為尊的文化裡，因此有時候可能會覺得只要自己有什麼地方不一樣，世界上就沒有容身之處了。我們的身分與關係被縮減至最簡單的形式，讓我們比較好消化。地精式生活就是要對抗「我們必須乾淨、順暢、平滑才可以存在」的想法。又髒又黏的怪胎和其他人一樣，也值得被愛。我們的價值並不是取決於我們有多容易接收廣告。

但地精到底是什麼意思？就是大家知道的地精啊！一種童話故事與民間傳說裡的奇怪小傢伙。地精之心就是從這些奇怪小傢伙身上得到靈感的。「地精之心」源於社群媒體，代表特定服裝、飾品與整體外表的組合。「之心」意在說明這套服裝、飾品與整體外表的組合，是由某種品味或氣氛結合而成。地精之心就是一種品味，其靈感來自地精，或是本身就很類似地精。什麼東西和地精類似呢？就是地精喜歡的東西，像是菇、泥巴和蟲子。因此地精之心就是一種審美觀，適合組織性沒強到能擁抱極簡主義、沒有整潔到能追隨 hygge 風潮（譯註：源自丹麥語，指追求舒適、友善、有活力的高水準生活）、身上又太黏沒辦法採用其他審美觀的人。

如果以上任何一點聽起來很有趣、刺激或熟悉，那你就選對書了。接下來你將會學到怎麼將地精精神融入到每天的生活中，包括如何保持敏銳的觀察力、製作具地精風格的小東西，以及讓家裡和衣櫥更有地精時尚的祕訣。本書將提出各種建議與活動，讓你解放心裡的地精。你想多花一些時間待在戶外，還是打理服裝？你想學習採集還是多瞭解青蛙一點？其實你不需要選擇！只要跟隨著你的地精之心去探索各種奇怪嗜好與特殊興趣就好了。

重點是，地精人生適合所有人。想要多簡單、多複雜都沒有關係，由你自己決定。地精的世界來者不拒，並擁有大量知識，能讓我們學會建立一個更具包容性、更有趣的世界。擁抱心中的地精，代表擁抱我們一直以來都被教育成要去忽略的那塊人性：好的、怪的、黏呼呼的部分。最重要的是回過頭來尋找赤子之心，並讓這個孩子掌握主控權。如果你贊同上述任何建議，或許你就真的應該成為地精。

I

我們的地精、亦即自己

為什麼渴望地精人生

你滑著社群媒體，結果看到的都是繪畫、空白的牆壁、有品味且低調的家具，以及只有一株蓬萊蕉或琴葉榕放在角落的房間？你問自己：「長大就是這樣嗎？只有這個方法可以讓別人知道我這個人很有品味嗎？極簡主義是唯一的流行嗎？」幸好，這些問題的答案都是：「當然不是。」

雖然很多人覺得極簡主義看起來很美觀、很正統，卻不見得適合每個人。如果你比較喜歡「有生活感」（讀作：凌亂）的家、比較喜歡亂中有序而非一塵不染、有很多嗜好想要展示而不是收起來，那麼你可能很難適應簡化美學的風潮。這樣也很好！你的品味只是格局太大，不能被某個流行限制而已。沒有人的完整自我可以單用某種室內設計風格表達，因為人就是複雜到不可能如此。

成為地精的重點，就是接受自己的多面性，同時瞭解到每一面都值得肯定。不論是透過裝飾住處、用不尋常的方式打扮、安排時間做自己喜歡的事，或是找到照顧自己的新方法，你都不需要為了適應新流行而限縮自己。在本書中我們很快就會討論到地精如何鼓勵每個人怪異的一面、讚揚不整潔的美好，並在舒適與快樂中找到力量。如果可以直接成為地精，為什麼要繼續嘗試不適合自己的生活方式呢？

地精喜歡收集有趣的飾品，尋找適合用來築巢、蝸居的家具。地精熱愛大自然，只不過是比較怪異的那一塊大自然。地精之心充滿了青苔、菇和蝸牛。地精之心就是那種舒適、有家的感覺，並且來者不拒，包括怪人，甚至可以說是歡迎怪人。地精之心集舒適、另類感性、ＤＩＹ和親近大自然於一身，並組成一團又大又軟的藻球。不排斥採用既有的風格和品味，再大幅改造。

但地精之心不只是一種裝飾風格。它也代表一個正在蓬勃發展的網路社群，充滿各種不見得永遠合群的人。社會往往採取比較簡化的方法來理解個人經驗，使人覺得自己像是精心整理的草坪上長出來的菇，孤立無助。地精社群歡迎所有因為身分、能力、種族、階級與興趣而覺得被冷落的人。選擇地精人生，就代表拿回所有你覺得「太過奇怪」而捨棄的熱情與興趣，並光耀那些讓你覺得打不進圈子的個人特質。

地精是一群欣賞怪人的怪人。他們喜歡別人不喜歡、或是視為理所當然的東西。他們將怪異、看似沒有什麼成果的東西提升為很酷甚至是受到熱愛的東西。地精是創造品味、建立風潮的人，他們看不起由風格、實用性、性別與資本主義決定的規則。地精的信條就是：一個人的垃圾可以是所有人的寶物。誰不想當地精呢？

哪些人可以成為地精？

每個人都可以！只要你想，你就是地精。當然，想要成為地精的人通常有一些具體的特徵。（似乎基於某些理由，不是每個人都想成為有趣的小傢伙？）從網路上的地精之心社群來看，大部分這種人都是屬於神經性狀特殊的人、LGBTQ+群體（尤其是跨性別與非二元性別者）、反資本主義者、內向的人、藝術家、愛好自然的人、同時喜歡雅加婆婆與小尤達大師的人（譯註：前者為斯拉夫童話中的巫婆，後者為二〇一九年星際大戰系列影集《曼達洛人》中登場、外貌酷似幼年尤達大師的角色）、很瞭解烏鴉的人、哥德系園藝師，以及其他很酷但有點邊緣的人。

地精的生活方式之所以比較容易吸引這種人，是因為它推崇獨特但經常被忽略的事物。它讚揚奇怪的事物，同時提供友善空間，樂於聽你講今天在地上撿到什麼奇怪的小東西。網路上的地精之心社群會主動反抗許多社會標準，他們會推薦手工製作、自然形成並找到的東西，而不是工業化生產與買來的東西，他們也推崇有缺陷、不尋常的東西，而不是符合古典審美觀的東西。因此，通常會被冷落、邊緣化的族群可以在地精的地盤上找到歸屬。

在名為社會的草坪上，地精們挖出了一塊屬於自己的空間，並在原本長滿過度灌溉青草的地方種出了苔蘚、野花、菇和歪掉的樹。地精致力於打造一個比現在更為包容（也更怪、更混亂、更綠意盎然）的新世界。只要是支持這種世界的人，就可以自稱為地精。

為什麼選擇地精？

在神話故事中有這麼多擁有魔法、住在森林裡的東西，為什麼要選地精來當代表呢？簡單來說，因為地精最能完美符合追求舒適、怪異的理想。通常地精在神話故事裡是妖精的一種，但比較髒，沒有其他神話生物那麼高雅；他們很愛玩、叛逆，是一種與大自然有特殊關係的幻想生物。努力想要變得奇怪、反傳統、有魔力且擁抱大自然。在這樣的審美觀之下，地精代表著熱愛所有怪異、具有非傳統美感，並且可能有點雜亂無章的事物。

在童話與傳統故事中，地精與大自然有非常緊密的關係，卻不是多數人會喜愛的那部分。比起花和蝴蝶，地精更喜歡苔蘚和菇，他們自認和大自然受到忽略的那一塊有著同胞情誼，因為地精很明白受到忽略是什麼感覺。身為妖精族最不尋常的分支，地精總是致力於推崇各種怪異、不尋常的事物。

地精也喜歡收藏與分享漂亮的東西，只是對「漂亮」的定義十分廣泛且各有不同。他們重新定義了寶物和美。多數人不會想要收藏一罐罐泥土、乾燥植物或樹枝來裝飾，地精卻知道這種怪異東西可能具有個人意義，所謂美感是很個人的事情。他們不會囤積垃圾，並以獨特的風格深耕社區。對地精來說，收集特殊寶物可以遇見同好，有助於培養自己的品味並擴展交際圈。

由於地精致力於收集、改進各種不符合流行與大眾品味的想法與物品，他們因此成了反資本主義的指標。地精社群推崇外出尋找或自製服裝首飾，不需要花大錢買新東西來建立風格，而是要在眼前事物中找到美。這套哲學的重點就是重新演繹何謂美、何謂珍貴。

地精是一種魔法生物，能理解世界的複雜性，是勇往直前突破既有規範的叛逆者與麻煩製造者。當其他人想要迴避生命不美好的一面時，地精會全心全意接受。他們不會用和大家一樣的方式看待世界，知道每個人都很複雜，不是一張簡單的標籤可以定義。地精又怪又亂，在我們不見得喜歡自己的那些髒亂、矛盾之處大行其道。他們會為了一顆簡單又灰暗的石頭停下腳步，進而發現泥土底下色彩鮮豔的昆蟲世界。

地精風雲人物

地精在歷史上曾以許多不同形態出現在一般大眾眼前，從中世紀到莎士比亞，再到電影《魔王迷宮》（*Labyrinth*）。如果你到任何童話故事裡撿起一顆石頭，下面可能都有一位地精和幾隻有趣的蟲子。地精愛玩把戲，也是愛惡作劇的叛逆者，是許多知名故事的劇情推手。在你開始建立自己的地精人生之前，或許應該多瞭解一些地精的文化史，或者找一位地精來當榜樣。我們就先來看看歷史上幾位比較有名的地精吧，先來玩一場「你是哪位地精」的遊戲。

經典地精（來自童話故事）：你是個愛搗蛋的小傢伙，喜歡製造麻煩和開玩笑。你很容易受到刺激，生氣時也難以控制。有時候這樣的特徵會讓你顯得比實際上更嚇人，但其實你是個充滿善意、仁慈的人。你做事有一套與眾不同的準則，但並不代表思慮不周或不實際（至少對你而言是很明確、實際的）。

帕克（Puck，**出自莎士比亞的《仲夏夜之夢》**）：你和童話故事版的地精一樣喜歡惡作劇。但比較不修邊幅，工作時（即使是很重要的工作）也可能會輕易分心。這可能是因為你有嚴重的主角症候群，常常忙著想下一句以他人為重點的台詞要講什麼。另一個可能的原因是你的優先順序與眾不同，你比較想把時間花在享樂上，而不是別人的事情上。

碟形世界（Discworld，**出自泰瑞．普拉契**〔Terry Pratchett〕**的奇幻小說**）：你的聰明才智與怪異程度超乎常人。但你對自己感興趣的事物和活動十分自豪，大家也都學會了要尊重你這方面的特色。你和其他種類的地精不一樣，比較在意細節與機制，並且也將這樣的專長（大多）用在好的地方。

地精王（**出自電影《魔王迷宮》**）：你擁有無可否認的魅力，連不想喜歡上你的人都會被你吸引。和其他地精一樣，你是個叛逆、會製造麻煩的人，但和其他種類的地精不同的是，你有著浪漫英雄的魅力。最重要的是，你很有戲劇性。很多地精都有演戲細胞，但沒有人像你演得這麼好。

綠惡魔（**出自漫威漫畫**）：你很討厭蜘蛛人，你也是威廉·達佛（Willem Dafoe，在電影中飾演綠惡魔），你還有相當不錯的飄浮滑板。不幸的是，成為綠惡魔代表你得符合上述條件。

不論你最像哪一種地精，你可能已經注意到這些不同版本的地精還是有許多共通點。這些地精大多很愛惡作劇（不然英文中形容一個人調皮的字 puckish 是怎麼來的？）、愛玩、叛逆並且聰明。他們對「好玩」的看法有時有點黑暗，但大致上都能走在怪異與邪惡的邊界上，甚至走得相當專業。

關於這點，我們一定要記得這些地精都是怪人。這是地精的中心思想之一。怪人可說是地精準則的第一天條。具體是哪一種怪可以很有個人特色，例如是那種「會辨識每一種菇」的地精，而不是「致力於每套衣服都要配背心」

地精，但所有地精都歡迎自己的怪異，並且自豪地表現出來。

地精的問題

話雖如此，身為奇幻生物的地精，還是會與一些不太好的東西扯上關係。從古至今，地精都有惡意、貪婪、長著鷹勾鼻的形象，常被用來影射猶太人以散播對他們的仇恨與恐懼。（想想《哈利波特》裡古靈閣的地精吧。他們可說是反猶太人士對猶太人的印象：尖牙、鷹勾鼻、爪子般的手指、尖耳朵、不懷好意，而且真的管銀行。說實話這點還滿驚人的。）在我們提倡地精哲學的同時，也要承認（並且批判！）地精形象被用來反猶太這點。地精之心是適合每個人的哲學，宣傳仇恨與歧視有違地精信條，我們將在這一章的最後討論。

在奇幻故事和繪畫中尋找地精榜樣時，請注意以下警訊：

- **貪婪**：地精熱愛收集，但樂於分享，希望社群裡的其他人也能感受到收藏的快樂。如果地精表現出貪婪或囤積，可能是反猶太形象在作怪。

- **邪惡**：地精是很酷、愛玩的叛逆小子，這不等於邪惡！沒錯，有時地精會做出可愛的搗蛋之舉，或是深思熟慮後決定不守規矩，但他們不是壞蛋。故事裡如果出現邪惡的地精，或許是有反猶太主義的背景，也可能單純只是這些地精不適合當作榜樣，我們只要敬而遠之即可。
- **骯髒**：有時候地精會把自己弄得滿身泥巴，就像所有園藝家的指甲裡免不了有土，但這和骯髒是兩回事。如果有地精強調不衛生的特性，可能是反猶太或其他種類的排外主義作祟（美國白人認為不乾淨的族群數量還滿驚人的）。

如果你仍然擔心某些地精的形象可能被反猶太主義醜化過，那就多花一點時間詳讀！每個人的感受都不一樣，重點是仔細傾聽並找出你覺得沒問題的形象。只要你擁有充分資訊，仔細思考，就很難出錯。

地精的外觀

到了這裡，你可能會很想知道地精式生活到底是什麼樣子。其實，你現在可能就比想像中更接近這個境界。地精社群喜歡手織衣物（尤其是不怎麼完美的那種）、在可愛的玻璃罐裡裝些神祕的小東西、水晶與乾燥植物、舊書、用回收容器種香草、滴著蠟的蠟燭、動物的骨頭、藥櫃和貝殼等等。不喜歡也無妨，這只代表你不是那種地精而已。重點是舒適而亂中有序的環境：身邊放滿你最喜歡、熟悉的物品，讓你有家的感覺，不必擔心擺設是否整齊、能否給外人看。簡單來說，就像在森林中散步，找到一處柔軟、長滿青苔的空地，雲剛好足以遮陽，空氣涼爽但不冷，你一來到這裡就意識到，雖然從沒想過要睡在森林裡，現在卻覺得沒有比這裡更好入睡的地方了，這就是地精的小窩。

你可以從小處起步前往地精人生。先把毯子鋪到沙發、床上或地上，再打開電視。穿上三件最喜歡的舒適衣物（越不搭越好）。花一整天做簡單的手工藝，例如給石頭上色，或是用紙和繩子做出一組菇花圈。成為地精並不難，因為地精的要求不高。地精人生強調身邊的美，若想把家裡裝飾成地精風格，可能根本不需要買任何東西。

地精喜歡手工製品，若能學會一些手作技巧，就更容易幫生活空間增添地精風格。學習這類技術不需要花很多錢，大部分都可以在網路上找到免費的教學資源（或是去圖書館查）。材料可以自己找，或是以低廉的價格製作。

編織、園藝、玩黏土、刺繡和飾品製作等等都不難學，而且可以依自己的程度調整作品（基礎技能看書學就好了！）如果你編織的技術普普，那就專心做頭巾。如果你喜歡黏土，但不想真的弄一座窯和手拉坏機，那就用僅需風乾的黏土做一些小菇就好。你應該用對自己有意義的東西裝飾小窩，這樣才能彰顯你的熱情與能力。有什麼比住在自己做給自己的小禮物堆裡更舒適呢？

為了協助你踏出第一步，以下是一些簡單的建議，任何技術程度都可以嘗試。（事實上你的技術越差，做出來的成品往往越有地精風格。）

● 把紙（毛氈布也可）做成菇，用來布置，或是拿膠水黏成一串，做成菇花圈。

● 有多的空罐子或玻璃瓶嗎？用毛線、泥土、茶樹蠟燭、水晶或任何手邊有的東西裝滿它吧。

● 鋪很多毯子。這不算是手工作業（除非你想自己織），但你可以試著把毯子編成一長條，然後圍在身上，稱它為「自製衣物」。

● 散步時撿一些花草樹葉。用厚重的書壓住它們，或是吊在室外風乾。

● 把舊容器裝滿泥土種植物。

● 用黏土做出小青蛙、菇、蛾或是老鼠，這樣你就有一些朋友相伴了。如果手邊沒有黏土，就用畫的，然後把畫掛起來。

地精風格也包括依自己的地精審美觀穿搭。這不代表你必須把整個衣櫥的衣服換掉，而是重新思考穿衣方式，找出最舒服、最能代表個人風格的穿法。以下是幾種簡單作法。

- 嘗試混搭，尤其是你平常不會想到要混搭的顏色、圖案與質地，找出全新的有趣組合。
- 確保自己穿上身心都覺得很舒服的衣服。不要穿會讓自己不舒服或緊張的東西。如果你喜歡特定的質地或剪裁，那就選你所愛吧！重點是要擁抱手邊找得到的舒適感。
- 配件！把所有你想穿戴的戒指、徽章、臂章、帽子、手提袋和手套都戴上。隨身攜帶一隻青蛙玩偶。耳環要選自己做的。有很多方法可以讓身上的配件更有地精風格。

當然，你可以自由詮釋地精風格，找出最能表達個人品味的方法。如果你不喜歡青蛙和菇，或許可以多用一點青苔和石頭的元素來打扮。如果你必須做點修改才能實現地精天性，別難過，就做吧。

地精準則

接下來該定一下地精生活方式的規矩了。地精之心當然是一種審美觀和裝飾風格，但其實不只是如此。成為地精表示你希望擁抱某幾種想法。以下準則並不代表要建立具體的規範並訂定罰則，而是一種鬆散的架構，讓你在追求地精人生時有一個方向。請不要把這些準則當作絕對的標準，而是要在覺得難以接近地精版的自我時，或是在自己的地精探險旅程中尋找方向時使用。

沒有任何文字能真正完整、有條理地表達整套準則，不過接下來我們會列出地精文化最重要的幾個部分。記住，地精人生的重點是讓你的世界更舒服、更怪、更凌亂、更互相在乎。希望以下準則能提供可用的基礎，讓你完成任務。

在各種地方找到美

這件事或許知易行難，但只要多練習，即使是最厭世的地精也能修復欣賞的能力。地精可以欣賞傳統上認為美的事物，但他們真正熱愛的，是在奇怪、難以想像之處找到美。或許是人行道上一道長得像愛心的裂縫，或是從小留到現在的娃娃變得有點陰森（好看的那種）等等。或許某棵樹下的泥土感覺特別涼爽柔軟，或是洗碗機的噪音給人一種奇怪的放鬆感等等。美並沒有一定的外觀，或是感覺、聲音或味道。成為地精的好處之一，就是用自己的標準重新定義美，還能把人生的每一天都花在尋找微小而奇怪、不真實的美上。

擁抱自己的怪異

地精是怪人這點應該不必再多說了。他們是混亂且具有野性魅力的小傢伙，依自己的原則過活。地精生活排斥所謂的美學標準，依自己想要的方式過生活，這樣一來，地精是怪人這點還有什麼好奇怪的呢？如果你想成為真正的地精，就必須認知到這些奇怪的地方一直都是你的一部分。加倍投入同事聽到後會覺得震驚的興趣吧。用你真的覺得舒服的方式打扮，而不是用社會普遍接受的方式。探索以前你覺得不熱門、甚至有點讓人厭惡的興趣吧。

我們內心深處其實都是個怪人。地精只是表現出來並加以頌揚而已。公開承認自己的怪，或許能鼓勵別人同樣擁抱私底下的怪，或是單純讓自己過得更快樂、更有自信。只要變怪，你就贏了。

追求舒適

這是地精世界最重要的天條之一。大人的世界裡沒有太多東西能給人舒適感。社會通常期望我們把想要的東西放一邊，然後去想要社會希望我們想要的東西。這樣的生活方式太蠢了。如果你在辦公室總是覺得冷，就應該帶三件連帽衫和一條毯子去上班。如果戴耳機擋住噪音能給你安全感，就應該要可以整天戴著耳機。如果你需要每小時吃一次小點心才能好好工作，那你就應該時時能夠取得好吃的食物。想辦法讓自己過得舒服是一項特權，但地精思想的獨到之處，就在於我們認為生存和舒適都不是必須贏來的東西。基本需求和小確幸應該是大家都可以得到的基本人權。

舒適並不是只有枕頭山和毯子窩（但這兩種東西是很好的入門）。舒適指的是建立一個為了自己而建立的空間。地精想像中的世界，是一個認同所有人的需求與利益的世界，一個激進的新世界，大家都能在尊重彼此的同時，以自己的舒適為第一優先。

不整齊也沒關係

我們有一種奇怪的作風：我們製造、尋找、購買很多漂亮的東西，卻又把它們收進衣櫃、抽屜和箱子裡。社會期許我們保持乾淨整潔、可以展示的狀態，即使單獨在家也不例外。可是這樣的期許根本不合理。如果你天生就是個髒亂的人，為什麼要隱藏？你應該擁抱自己的本性啊！把所有讓你開心的小東西都拿出來擺在身旁，心情不好時才看得到。凌亂可以帶來一個大好機會，讓你展示自己，好好對待喜歡的東西，讓人一看就知道你在乎。

地精式的亂並不是隨意亂放（但如果你想的話，可以稍微這樣做）。重點是思考過自己喜愛什麼，它們對你有什麼意義，然後以能代表這種意義的方式呈現。好好想過並認真對待擁有的東西，而不是毫無想法地消費。在身邊放滿喜歡的東西，這樣就能時時想起這些讓你變得特別的小東西。也就是說，允許自己在乎，並在其中找到快樂與滿足。

當一位善良的社群成員

沒有地精是一座孤島。在網路上，地精之心社群以歡迎新人、彼此珍惜而聞名，因為就連最內向的地精都明白，若是身邊有更多地精，當一位地精就會更快樂。你的地精社群或許以網路為主，或是現實生活中就有一個，也或許是一群以蠟封郵件互相寄信問候的人。你的社群可以是你想要的任何樣子，只要有這樣的一群人，就能讓你的地精人生更為豐富。

地精思潮有很大一部分圍繞著對抗社會標準與審美觀，同時找到新的生活方法。可是當你孤獨一人的時候，想要建立這樣的新世界非常困難。世界上還有許多善良美好的地精，擁有好主意和很酷的寶藏，他們全都非常投入這種有趣而狂野的審美觀，在後資本主義世界中展現意義與力量。當你和其他地精來往時，記得要給予對方關心與尊重。傾聽並瞭解他人的界限，好好說話。你必須瞭解自己在更大的生態系中是什麼樣的角色，包括社交上的生態系。

另外，務必確保你對不屬於自己地精社群的人而言，也是一位善良的成員。想辦法運用專屬於你的地精技能來改善身邊的人的生活。地精是一群有想法、有同理心的人，有很多東西可以帶給更廣大的社群。如果你懂園藝，或許可以替社區打造一座公共花園。如果你的編織技巧越來越好，可以打圍巾或帽子送給鄰居。你可以從比以上的例子小得多的地方開始，例如單純送朋友小份量的地精關懷包（裝滿你找到的超酷小東西）。任何一種關心都可能會有深遠的影響，而地精最希望的就是發揮影響力（或許順便惡作劇一下）。

讚揚大自然

地精都是大自然的一分子，所有地精都應該尊重、榮耀孕育自己的大自然。但地精也知道大自然絕對不是只有美麗的花朵、充滿漣漪的小河與壯觀的風景。大自然不全然是巨大而美麗，還包括許多小小、髒亂的部分。大自然不是只有野花，也包括提供花朵營養的蚯蚓和泥土、散播種子與花粉的鳥類和昆蟲，以及生命循環中不可或缺的死亡與凋零。地精熱愛大自然的每個部分，尤其是容易被忽略的部分。

身為熱愛大自然的地精，你不一定要住在森林裡並吃素。你可以是住在郊區或大城市裡但熱愛大自然的地精，甚至住在沙漠裡也行。大自然無所不在，不論在哪裡都遇得到。關懷大自然並不局限於那種難以採行的零浪費生活方式。你可以在窗台用優格罐種迷你版的藥草園或吸引蝴蝶的植物；也可以收集石頭、葉片、花朵和羽毛，然後展示出來。你有很多方法關心並讓大自然進入生活。

尋找能給你力量的東西

地精鼓勵所有人去追求持久的快樂與舒適，而非追隨主流文化。重點在於找出能給你力量的東西，並依此建立你的人生。我們的社會相當依賴公開表現來評價一個人，但地精的社會正好相反。地精追求身體和空間的舒適，主張選擇讓你自在的服裝、飾品和興趣，忽略無用的社會表現。

地精的重點是，在一個忽略奇怪、髒亂事物的世界，建立一個奇怪、髒亂的小窩。這麼做有時會令人害怕，因此你必須用舒適感與熱情來武裝自己，提醒自己，你就和其他人一樣，值得擁有一個屬於自己的地方。找到讓你擁有力量的東西，用它們來改造你的小巢，與他人分享，建立有力量的地精社群。讓自己和別人擁有力量，便能打造更大、更宜人的地精空間。

II

翻開石頭

與大自然沒那麼美的部分共處

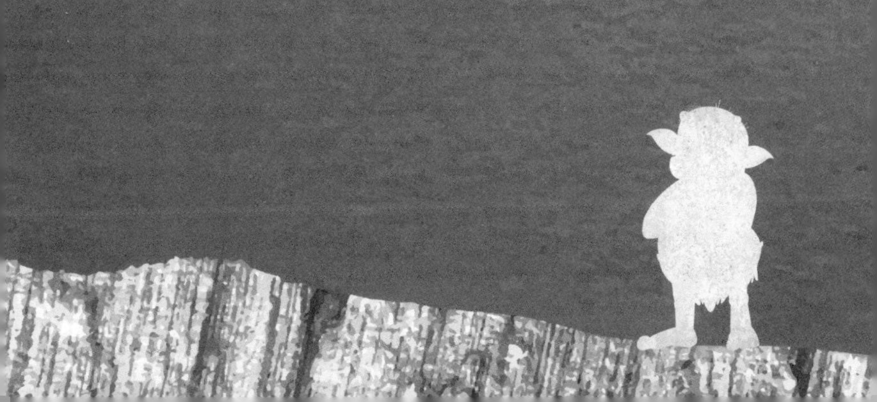

很多人覺得自己不想也不需要與自然產生聯繫，而且是一輩子都不要。可能是因為他們覺得泥土很髒，動物很嚇人，蟲子真的很噁心。另一種更可能的原因，就是現代人太少與大自然接觸。大多數人從來沒有被教育過怎麼與大自然互動，甚至沒有學過如何找到大自然。

大多數人長久以來都住在都市與郊區，不需要知道哪些漿果可以吃，哪些有毒，也不需要知道動物出現什麼行為時代表牠們在生氣。這本身其實沒有什麼問題，畢竟，如果你用不到這樣的知識，為什麼要學呢？只是一旦必須與大自然互動時（不論我們住在哪，總有一天會遇到），就會害怕、不信任，以及無知。人們不認為在大自然中可以找到快樂與舒適，而是可怕的地方。

大可不必如此！大自然隨處可見，而且可以提供很多東西。研究已經證明，親近大自然能降低壓力、改善情緒，人們可以待在大自然中思考，不但免費，也不需要任何回報。現在我們去什麼地方都要花錢，幾乎沒有什麼地方是沒有人希望或強迫我們花錢的。可是在公園散步，或只是單純站在室外，是不用花錢的。因此，待在戶外就是一種激進的反資本主義（這正是為什麼地精們喜歡這樣做）。

在戶外，我們可以發揮好奇心，想想各種生物之間的關聯，用各種方式活動身體，近距離觀察世界。你可以坐在室內看一本以螞蟻為主題的書，也可以花一個小時到外面看看牠們在做什麼，再以全新的視野回來閱讀那本書。出門可以讓我們多瞭解這個世界，進而更瞭解彼此。

現在的戶外環境越來越被視為是有錢、健康白人的遊樂場了。我們要討論大自然，就一定要談談難以接觸到大自然的問題，包括實體面與社會面，及各種把大自然關起來收費的行為。你最近一次看到有人去爬山，大概是個瘦巴巴的白人網紅，去爬洛杉磯那座瘦白人網紅最喜歡的「所謂的山」吧。

金錢可以讓人更容易前往綠化環境，不論遠近。想想看在紐約市，一戶看得到中央公園的公寓要多少錢吧。（順帶一提，中央公園有一部分是蓋在名叫賽內卡村的黑人區上面。）有錢人前門一開就有綠地，而且可以旅行，去接觸更多大自然。如果有錢人想獨佔大自然，那一定是個好東西。

另外，如果你有任何身心障礙或健康問題，要去公園或其他地方接觸自然就不見得那麼容易。登山小徑往往沒有鋪裝，也不見得有維護良好的公廁與休息處，進入大型公園或自然保留地意味著必須面臨受困風險。大自然並不總是來者不拒。雖然「大家都應該可以從事戶外活動」聽來像是明顯的事實，但還需要很多努力才能讓戶外空間適合所有人，可是這樣的努力通常沒有人去做。

如果大自然這麼棒，卻又這麼難以親近，我們該怎麼辦呢？當然要把它偷回來。畢竟我們是地精。大自然屬於所有人，而地精就是為了所有人行動的生物。拿出你所有的地精之力和勇氣，出外散個步吧。如果可以的話，順便去一個公園或其他比較自然的地區。去那裡佔領屬於你的空間、拍你的 Instagram 相片吧！成為一位反資本主義的麻煩人物！參加名為戶外活動的激進行動，並鼓勵其他地精朋友跟上腳步。

如果在出門前，你想多了解大自然和當地生態系，有幾種很棒的方法：

● 圖書館！噢，所有圖書館都是對地精友善的空間，它的宗旨在於為社區服務和傳播知識，而且不用錢。

● 去找你家附近負責維護公園的單位，你可以前往該單位最近的辦公室，或是上網查。他們應該會有本地公園與生態系的資料。

● 上網瀏覽鄉鎮、縣市與國家級的漁業野生動物相關單位的網站，往往可以瞭解本地動物與棲地。

● 參觀社區花園。如果附近沒有，或許你可以自己建一處。社區花園很適合讓大家相聚，也能傳播有用的技能。

● 參觀植物園，並向工作人員請教。植物園很棒，雖然不一定免費，但如果負擔得起，仍不失為一種在城市裡以受控、有教育意義的方式（會有很多牌子告訴你這些是什麼植物，並且你大概不可能被熊攻擊）接觸自然的方法。

參觀時記得多問！這對所有人都是好事。你不需要擔心打擾對方，相反的，你很可能會讓對方開心。

大自然無所不在

想像一下大自然吧。在想了嗎？你想到的是什麼樣的景像？可能是在微風中搖曳的樹木、潺潺小溪中閃閃發光的石頭、積雪的山脈被夕陽照成紅色。這些都是田園詩人筆下的美景，我們稱之為「美好的大自然」。這樣的大自然當然非常優美。然而不是每個人都有辦法暢遊荒野，就算可以，看到的荒野也不見得是這樣。（畢竟世上有七大生態系嘛。）

資本主義熱愛把東西分門別類，因此大多數人都被教育成以非常狹隘的眼光看待大自然，也就不足為奇了。我們心目中的「野生動物」只有黑熊和梅花鹿，而不包括松鼠和麻雀。「美麗的戶外環境」只包括山頂明媚的風光，而不是每天出門看到的景色。世界上有些如詩如畫的野外風光固然是好事，但我們並非自家後門出去就有一座國家公園的人。想像一下，我們大半輩子都在都市或郊區生活，如果下午想要爬坡，最接近的選擇是捨棄電梯改走樓梯。那我們要怎麼接觸自然？要去哪裡找？以及，最重要的是：要不要花錢？

對剛受啟蒙的地精們而言，好消息是大自然無所不在。我們常常忽略一個事實，地球本身就是大自然。到處都是。你看到的一切都屬於大自然，到達的每個地方都屬於大自然。看向窗外吧，看得到天空嗎？天上的雲？太陽、月亮或星星？天上飛的鳥兒，或許是麻雀、燕子或是白鷺鷥？這些都是大自然的一環，也包括你。你是大自然做成的，你的生命仰賴大自然，而你也是自然世界重要的一部分。只要你能學會以這樣的觀點來觀察身邊的世界，就會發現自己與自然世界的關係遠比想像得更緊密。

以下是練習：

1. **穿適合的衣服出門**。確保穿的是舒服、行動自如且符合天氣的服裝。

2. **悠閒散步**。如果你住在繁忙的城市裡，你可能必須待在人行道的邊邊，避免擋到別人。（就算你覺得不應該慢慢走，這仍然是合法的行為，每天都有人這麼做。另外也請注意，「散步」是一般的講法，如果你需要任何行動輔具或代步車，也算是練習的一種。）

3. **看看四周**。花一點時間，不做任何事，只單純看天空，然後再花一點時間看地面。你可以考慮每次看到樹時就停下來，花個幾秒想想這棵樹和你看到的上一棵有什麼不同。動動腦，而不只是被動地接受資訊。

4. **留心植物**。如果你住在城市裡，可能必須去看整齊的行道樹，或是某戶人家的陽台綠化，或是其他某種造景。如果你住在郊區，可能需要看看某人家的草坪、路旁的落葉，或是鄰居家的花園。不論你身在何處，周遭通常都會有植物，就算只是草。仔細觀察這些植物，拍些照片，花點時間研究它們，找出你喜歡和不喜歡的地方。摸摸植物，給自己一段與綠色植物互動的時間。

5. **為了動物駐足**。注意螞蟻或蒼蠅要去哪裡？停在哪裡？看著鳥或松鼠偷走某人掉在人行道上的貝果，地下鐵的老鼠咬走被風吹落鐵軌的糖果包裝紙。想想為什麼鹿會來這個院子吃草，而不去鄰居家吃。這些動物或許比獅子、老虎和熊普通，但不代表牠們與世界的互動就比較少。我們能生活在有許多動物的世界，其實是很幸福的。

6. **只帶走照片**（**除非你找到很特別的石頭**）。不要把小動物或本地生態系重要的元素帶回家，但如果你發現很酷的樹葉或石頭，那就撿起來吧。（請確認撿走石頭或樹葉是否合法，有些公園不允許帶走東西。）你可以把樹葉放在一疊書下面壓乾，石頭則放在公寓裡當裝飾。記得不要拿走超過百分之十的東西就對了！

不要打擾動物！就算只是松鼠或海鷗，也不要接近牠們。尊重野生動物的空間，從遠方欣賞就好。

7. **散步結束後，記錄你看到的東西**。你可以簡單描述幾件散步過程中你最開心的事，也可以直接寫一整首詩來歌頌陽光照在蜘蛛網上的樣子。記錄你的體驗沒有「錯的」方式。這樣的筆記可以在你覺得自己太遠離自然時拿出來看，也可以提醒你大自然一直都在身邊。

把大自然帶回家

你知道「手載物」（manuport）指的是被人從自然環境帶走、未經修改的物體嗎？如果你在外撿了一顆石頭，擺到書架上，過程中沒有擦亮、上漆或以其他方式裝飾，它就叫手載物。如果你在後院找到石英、貝殼或小化石，然後把它送給朋友，這就是手載物（但貝殼最好先洗一下，不然朋友可能會收到發臭的禮物）。你幾乎不需要付出任何勞力，那它有什麼特別的呢？

其實手載物存在的時間和人類文明一樣久，甚至更早以前就存在了。許多考古遺址都有小型天然物出土，而它們原本都在離當地好幾公里的地方，也就是說古人曾在遠離家園的地方找到一顆長得像人臉的石頭，然後把石頭帶回家。這些遠古的手載物通常具有某種美感或特殊之處，因此有些人認為這就是最早的藝術。想像一下，只要撿走一顆很酷的石頭然後送給朋友，你就是在使用最古老的藝術形式，這不是很了不起的一件事嗎？藝術居然可以簡化到只要認出美並與別人分享，這不是很厲害嗎？

別忘了看看腳邊

你最後一次仰頭看天空是什麼時候呢？你可能從來沒有這樣做過，因為走路不看路，老是看天上，這樣很怪（也很不負責任）。你可能會被車撞，或是單純擋到其他行人（這不會要了別人的命，但非常煩人）。很多人會建議你經常仰望，看看周遭發生些什麼，而不要低頭看鞋子、手機或看書。

其實，地面上發生的事情也不少。以下是我們選出來的幾個例子：蟲子（包括一些超酷的蟲）、泥土、苔蘚、樹根、人行道裂縫裡長的東西、真菌、老鼠和其他小動物。這些貼在地上的怪東西就和你能在天上找到的東西一樣有趣。為什麼不擁抱它們呢？多花一些有意義的時間往下看，以下是你很可能會發現的酷東西。

蟲子

來聊聊蟲吧。這些小傢伙在做什麼？你可能聽過（完全錯誤的）一種說法，每個人每年平均會在睡夢中吞下八隻蜘蛛，或是（同樣錯誤的）統計數字說你離最近的蜘蛛永遠不超過十英尺。我們耳熟能詳的昆蟲知識，好像都是對牠們不友善的反向宣傳。但蟲不是壞蛋啊！牠們很酷，對生態系也很重要。牠們是縮小版自然界，就在你的家裡和所有地方。以下是所有地精都應該認識的蟲子。

蛾：啊，蛾就是蝴蝶簡化過、比較嚇人的遠親。你可能知道蛾就是小小的灰色動物，對亮光有著強烈的執著，但其實不只如此。以下是我們能從蛾身上學到的東西：

- **允許自己成長**。就算你一直都是隻毛毛蟲，也不代表你永遠都會是。想要改變的話，就在自己的人生當中建立可以改變的空間（即使一開始這個空間可能很小）。安靜地問問自己想變成什麼樣子。
- **追求光明**。你或許看過蛾一頭撞上路燈，心想：「真丟臉。」但至少蛾知道自己想要什麼。找到你要的東西，能給你快樂和動力的東西，然後放手追求。不要讓任何事情阻礙你，因為你值得擁有光明。

蜘蛛：蜘蛛的名聲不好，這點不公平，牠們其實是生態系的重要元素。我們是支持蜘蛛的，因此要多瞭解這些蛛形綱的小朋友。蜘蛛教我們的事情有：

- **建立熱愛的家**。很多人覺得蜘蛛網很噁心，但這些小小黏黏的網子是精心打造出來的家園。不論你住在什麼樣的地方，都應該想辦法讓它變得「像自己的家」，即使只是掛上自製的藝術品，或是把喜愛的毯子留在身邊。擁有一個安全、舒服的空間，可以讓人生其他部分也跟著改善。

- **對自己的生態系做出貢獻**。蜘蛛貢獻良多，得到的掌聲卻很少。牠們總是努力驅除害蟲，讓世界變得更好。下次見到蜘蛛時，不要尖叫，想想自己能做什麼來讓社區變得更好，以及讓身邊的人過得更好。

蚯蚓：蚯蚓是真正的小怪胎，也正是這點討人喜愛。這些扭來扭去、黏黏滑滑的小怪物是地精最好的朋友，非常適合代表地精的生活方式。以下是我們可以向蚯蚓學習的地方：

- **性別僅供參考**：你知道所有蚯蚓都是雌雄同體嗎？牠們瞭解一言難盡的性別關係是怎麼一回事，但也知道其實沒必要搞懂。性別就是扮演一個角色的過程，演得很怪也無妨。

●**不要害怕弄髒：**蚯蚓幾乎一輩子都待在土裡，一直吃、一直拉，過程中不斷重新分配土壤中的營養。蚯蚓的生活方式可以提醒我們，多花一點時間親近泥土是有好處的，包括真的多出門走走，及其引申的意義「擁抱比較髒亂的一面」。我們都有點怪和髒亂，但不代表我們就不配擁有愛或是屬於自己的空間。學學蚯蚓吧，熱愛你身處的泥巴地。

苔蘚

苔蘚是簡單的小型植物，卻擁有相當驚人的特質。苔蘚可以吸收最多達自身重量二十倍的液體，不太需要照顧，幾乎可以適應任何環境，還擅長清除空氣中的汙染物。理想上我們會希望庭院裡都是種苔蘚而不是草，但這有點超過本書的範圍了，我們先來談談怎麼種出一小片苔蘚園吧。

苔蘚的生命力非常頑強，即使在嚴重脫水後也能東山再起，因此種苔蘚很適合那種盆栽會種到只剩一盆土的地精。這塊苔蘚園可以幾乎只用你家或後院

沙漠中的地精大自然

我知道你在想什麼：「這套地精哲學當然很棒，可是我家在沙漠耶！這邊的生態系很少有菇和苔蘚，這樣還能當地精嗎？」答案是肯定的，住在任何氣候條件的人都可以當地精。我們先來談談為什麼沙漠氣候尤其適合地精生活方式吧。

- **尋找多肉植物來取代菇**：想要找怪異、低矮、不需要照顧又富有多樣性的小怪物嗎？沙漠地精們不用擔心，不一定要找菇，多肉植物就很適合取代大家喜歡的真菌了。多肉植物有很多不同的形狀和尺寸，並且在室內也能長得很好，可以帶回你的地精巢穴照顧。
- **尋找沙漠灌木來取代苔蘚**：其實苔蘚類是可以在沙漠裡生長的（當然可以），但沙漠灌木會好找得多。這種小樹叢到處都有，而且還附贈一個優勢，就是會開漂亮的黃花。沙漠灌木和苔蘚一樣堅強、好看，同時還有許多用途，從製作膠水、藥物到提供裝飾、香味，沙漠灌木的功用可多了。

- **尋找蜥蜴來取代蟾蜍**：能找鱗片動物，為什麼要堅持去找全身黏液的蟾蜍呢？沙漠裡有許多很酷的蜥蜴，你不會因為找不到青蛙和蟾蜍而失望的。何況蜥蜴本身就很有地精精神了。牠們的體溫和鱗片很奇異，是可愛與噁心的奇妙綜合體。牠們簡直是地精的完美搭檔。
- **尋找蠍子來取代蚯蚓**：想找嚇人又會動來動去的小東西嗎？想找奇怪又扭來扭去的動物嗎？想找會嚇跑一般人的奇異小動物嗎？如果找不到蚯蚓，想想蠍子有多棒吧。蠍子就像穿上盔甲的蚯蚓，同時壞得讓我們愛不釋手。蠍子和蚯蚓都是不討喜的動物，因此請你善盡責任，歡迎這些小傢伙進入地精之心吧。

記住，我們不應該接近小而脆弱的野生動物！從遠方欣賞蜥蜴就好，牠們也會給你應有的尊重。

裡找得到的材料完成（但如果你家沒有後院，可能還是要買點東西）。

1. **決定苔蘚園的大小**。可以小到像一片薄荷葉，也可以大到和水桶一樣。你可以使用茶杯、拉麵碗來當苔蘚園的容器，或是要用真的花盆也可以。使用最適合你的空間和個人品味的容器。

2. **如果容器沒有排水孔，在底部鋪一層碎石或類似的材料**。如果你想弄得花俏一點，你可以在容器底部鑽孔，鋪一層園藝布料，然後再加上碎石。但多數人比較喜歡簡單的作法，直接鋪碎石就可以了。

3. **鋪上約二點五公分厚的盆栽用土**。在土上噴一點水，然後壓實。你也可以把盆栽用土弄成壟溝形，讓苔蘚園更有深度。

4. **種下苔蘚**。記得多想，花時間溫柔對待苔蘚。把苔蘚輕輕放入容器，調整成你想要的形狀，如果你想的話，也可以混合好幾種苔蘚，做出有趣的色彩與花紋。你可以把整片土都蓋住，也可以留下一些裸露的土壤；可以把苔蘚修成完全符合容器的形狀，也可以讓它多長出來一點。這是你的園地，當然要打造成你喜歡的樣子。

5. **澆水**。不論是種植還是移植苔蘚，你都必須確保植物和土壤濕潤。記得常常噴霧，還要澆水，切記不要澆太多，是濕的就可以了。如果你不確定需不需要澆水，可以輕輕把手指插入土中。如果土是乾的，澆點水，如果太濕，就給它時間乾掉。

6. **布置**。你可以在苔蘚園裡放一些小石子、乾燥花、樹皮、海玻璃（譯註：經由海浪等自然因素打磨過的玻璃塊），甚至搭配小型家具。裝飾時請盡情揮灑創意，享受樂趣。試著做出地精會想住在其中的苔蘚園。

7. **替你的苔蘚園找一個家**。完成後，將苔蘚園放在陽光明亮但不是直射的地方。如果你的居住空間裡沒有這樣的地方，可能需要買一盞植物燈或是把苔蘚園放在戶外。

8. **欣賞**。花一點時間欣賞你的作品。想想它和其他東西搭配起來，會讓你的居住空間變成什麼樣子。想想你在打造這個小花園時做對了什麼。地精很喜歡欣賞自己的東西，迷你苔蘚園正好可以提供許多欣賞的機會。

菇與真菌

真菌有好幾百萬種物種，非常多元，雖然我們不見得隨時都看得到，但地球上的生命幾乎都要依賴真菌。從食物到治病，沒有真菌其實很多事情都做不了。由於真菌是個非常廣泛的分類，我們先把重點放在真菌之王菇上吧。

菇近年來逐漸受到重視，人們終於不再只把菇當成是一坨坨的健康風險，並開始欣賞這種怪異植物（雖然嚴格來說真菌比較接近動物而不是植物）的不同美感。你可能會想：「可是大家把我當成一坨坨的健康風險耶！他們為什麼看不懂我的地精美學呢？」這是個好問題，因為地精和菇實在太像了，都很怪、很髒、殺不死等等。我們互相學習當然是有道理的，而地精也可以從菇身上借走自己喜歡的東西。以下是讓自己更接近菇的奇異美感的方法。

● **保持一言難盡的審美觀**。就像「菇」和「真菌」兩個詞指的都是一大堆不同且非動物亦非植物的物種一樣，你也應該採用一種複雜、廣泛的審美觀。不要局限在「植物女孩」、「藝術愛好者」或是「舊時代馬戲團小丑」這種簡單的詞語，讓你的審美觀更廣大一點。從哥德風和預科學校風當中借用等量元素，然後再加上一點九〇年代泡泡糖女孩的氣氛。不要太過擔心其他人不理解你的風格，做自己就好。

● **把自己弄得有點怪**。很多菇類都以具有迷幻毒素聞名，那你何不考慮在個人風格裡大方擁抱這樣的怪異之處呢？如果你想把兩種很少人會混搭的顏色放在一起、穿很多馬甲，或是把頭髮染成鼻涕般的綠色，也不會有人阻止你。去探索你每一個不尋常的風格衝動吧，去接近你所有怪異的品味吧。當你在探索自己的風格中奇怪的部分時，結果很可能會比你以前試過的其他風格都更舒適、更像你。

● **腐化是風格的一環**。菇的成長仰賴老舊、用過、開始腐朽的東西，你為什麼不也這樣做呢？開始節儉度日，成為衣物自然生命週期的一環。就

製作菇的孢子印

科學家和採集者使用孢子印來培養、辨識菇已有好幾百年的歷史。孢子印對菇愛好者非常有用，同時也是很好的藝術品，而且製作容易。以下是快速簡易的自製孢子印指南。

需要準備的材料

・紙袋（用來裝採集的菇）
・手套（拿菇時要戴）
・成熟有菌褶（菇傘狀部分底下細密的褶狀結構）的菇，可以採集或購買
・紙
・玻璃杯或罐子

製作方法

1. 可以用買來的菇，如果你想自己採集，選擇下過大雨後出外尋找，比較有機會成功。記得帶手套和袋子。
2. 把菇的莖切短，切得越接近菌傘越好，小心不要傷到菌褶。
3. 把菌傘輕輕放在紙上，菌褶朝下。用罐子或玻璃杯壓住菌傘，靜置十二到二十四小時。
4. 移除罐子或玻璃杯，輕輕拿起菌傘。孢子應該已經落下，並將菌傘底部的形狀印到紙上。
5. 完成了！你現在擁有一張優美、簡單的地精藝術品，可以用來裝飾地精之家。

不同種類的菇，孢子顏色也不同，比較新鮮或成熟的菇印出來的痕跡也會比放太久或太小的菇鮮明。你可以用不同的菇試試，做出不同的孢子印。

像菇能讓倒下的大樹變成土壤一樣，你也可以讓一件被人遺忘的燈芯絨褲子成為新的時尚。不論這代表你會開始常常出入附近的舊貨店以充實自己的二手衣櫥，還是決定動手更新一堆二手衣物以使其符合自己的風格，很多方法可以將現有衣物改造成全新的東西。

- **在黑暗中大放異彩**。菇的一生大多都在地底下度過，真菌會在這裡花很多時間成長、作好準備，然後才破土迎接世界。如果你想嘗試新的風格，卻一想到要公開展示就緊張，那就花時間在自己的空間裡舒舒服服地修正風格也沒關係。享用隱私並不等於你對自己感到羞恥，而是代表你要給自己時間，讓你能在沒有壓力的狀況下建立自信。給自己需要的空間，才能理解不在眾目睽睽之下的你是個什麼樣的人。然後就像菇一樣，你最終還是可以從土裡長出、展示驚人的新風格。
- **放手去做**。如果我們看三種菇的照片，可能會發現三種看起來像來自外星的有機體，彼此之間似無關聯。蠔菇看起來像是樹旁長出了貝殼、羊肚菌看起來像一大群白蟻跑去桃子的果核裡住了下來，鴻喜菇則是大家都長在一起，組成一個拳頭大、有好多小小菌傘的集合體。這些不同的菇都全力以赴，沒有絲毫保留。這些菇都不打算為了讓別人更易於分類或是為了看起來沒那麼怪，而改變自己的外觀，你也不應該這樣做。如果你喜歡某件衣服，就穿吧；如果你想打扮成某種樣子，就做吧，為什麼明明可以放手做，卻要有所保留呢？

大自然很怪、充滿各種奇蹟，而且無所不在，這些正是大自然與地精的相似之處。如果你已經開始把自然當成朋友、當成一位有時需要自己的空間但總是在你

「放手去做」單純只是代表全心投入你的風格。如果你的個人審美觀就是低調，那你也不必穿著鮮豔的衣服，只要多採用中性色或任何你覺得適合的元素就可以了。

身邊的地精同伴，世界就會顯得友善許多。以往可能顯得遙遠或奇怪的植物和昆蟲，只要你瞭解到自己也是大自然的一部分，霎時間便成了熟悉、溫暖的存在。去和泥土做朋友吧！看看你的金龜子朋友四處爬動，同時為你的菇好友拍照。畢竟這些存在都算是地精。

III

地精服飾

夢想中的衣服

每個人與衣服的關係都有點怪。想像一下，如果有一天你不再穿那些「一看就知道你很清楚社會對你的身體有什麼期待」的衣服，而是選擇舒服、開心的衣服來穿呢？挑一些喜歡或至少不討厭的衣服？沒錯，這是可以做到的！

地精的中心思想是舒服、強調個人風格，以及找到力量，因此所謂的地精風格就是別管流行，穿自己覺得好看、舒適的衣服，不管你選擇什麼樣子的衣服，都要讓自己開心。本章或許無法治好你的服裝焦慮症，但希望能讓你更有動力去尋找舒適的衣服。來想想什麼是有型、可永續且舒適的服裝吧。

重新思考與服裝的關係

買衣服時，你有多常考慮布料？是每次都會，還是只有買運動休閒服時才會？如果多考慮舒適性、少考慮外觀一點，衣櫥會變得不一樣嗎？現在就走到衣櫥前，穿上最好看的三件（同時穿或個別穿都可以），接著伸展一下、坐下來看看，總之就是做一些日常動作，請特別注意感受布料。有沒有不舒服的拉鏈？哪件太小了？哪件的布料會刮身體？口袋的位置對嗎，還是根本沒有口袋？

上述這個小練習結束之後，再試試衣櫃裡最舒服的衣服。你最喜歡的衣服和最舒服的衣服，帶給你的感覺有什麼不同？你會在什麼場合穿最舒服的衣服，是在家裡，還是出外辦雜事的時候？身體有什麼感覺，放鬆還是壓緊，磨擦感還是支撐感？身體的感覺又會給你什麼感覺？

以上的練習並不是要叫你把好看的衣服丟掉，而是希望引導你重新思考何謂舒適的衣物。如果你覺得就是要好看穿起來才舒服，那也沒關係，只是或許你的定義可以寬廣一點，加入身體上的舒適。如果你定義的舒適衣物不適合穿出門，那就回過頭來想想，「適合穿出門」到底是誰定義的，而你有多同意這個定義。如果你可以想穿什麼就穿什麼，不必擔心別人的眼光，你會穿什麼呢？你可能會穿得舒服許多，也會更有趣。時尚很複雜，但衣物的目的在於保護我們和我們的身體。如果你穿的衣服能做到這點，那就是有意義的衣服。

換穿更舒適的服裝

地精重視的是舒適性、耐用性、永續性和保護效果，而非是否符合流行。這不代表你就不能把自己打扮得很可愛，而是給你一個機會重新思考什麼叫可愛。如果可以舒服地展現自我，為什麼要穿得不自在呢？你應該對自己的時尚眼光有信心，就算你想穿的東西不見得是一般人會穿的也一樣。選擇讓自己放鬆、不受拘束的服飾，以能帶來正面身體觀感的為優先。

地精的服飾通常不會退流行，非常舒服，不是那種現正流行但不舒服的衣服。有些人可能會覺得這樣太雜亂、不夠專業或是不能見人。但舒適為什麼就一定是不好看或不吸引人呢？一個放鬆的人不是更吸引人嗎？穿著舒適服裝的中心思想就是選擇不會造成痛苦或煩躁的衣服，其實它還有另一個意義，就是讓自己放鬆，不需要每幾分鐘就想著要調整，會痛，或是不喜歡自己穿起來的樣子。舒適的衣服就是讓你放鬆地過完一天，不會讓你焦慮。時髦的衣服往往有反效果，因為這種衣服是要讓你符合某種風格，而不是幫你找到自己的風格。

衣服應該要迎合日常生活的需求，但我們經常去穿某種衣服以迎合他人，而不是讓衣服迎合我們。你應該找到讓自己有自信的服飾，當成是照顧自己的一環。要重新思考一個人和服飾的全部關係，聽起來可能有點嚇人，但你可以從小地方開始。以下的練習可以幫你放慢速度，好好考慮想穿什麼。以自己的身體為主體，傾聽自己究竟想要什麼風格。

1. 找出所有最舒適的服飾。（這裡所謂的舒適，指的是穿起來舒服、讓你心情平靜的衣服，可以是睡衣、運動褲，或是少數幾件合身的禮服。）
2. 花一點時間摸摸所有衣服，感受布料的紋理和厚度。想想你喜歡這些紋理的點是什麼、穿在身上的感覺如何。再想想何時會選擇穿這些服飾。
3. 閉上眼睛，試著專心感受身體。冷嗎？熱嗎？累嗎？有沒有哪裡在痛？你甚至應該試試身體掃描式冥想（需要說明的話，網路上有很多教學）。

4. 等你覺得與自己的身體更有連結之後，想想每一件服飾今天能帶給你什麼。也許你一起床就滿身大汗，想穿T恤，或者房間太冷，想穿運動褲。也許今天你背痛，你知道穿網球鞋可以改善。花一點時間想想你的身體需要什麼，然後選擇最有幫助的服裝。

5. 穿上你選擇的服飾，如果你不想，就不要強迫自己照鏡子。你不需要在開始一天的工作之前，先花時間檢查儀容。提醒自己：穿衣服不是為了別人，說真的，你看起來到底怎麼樣其實一直都不重要。重要的是你覺得舒服。

6. 如果你發現自己會去照鏡子，然後開始產生負面的想法，那就閉上眼睛，把注意力轉回身體的感覺上。想想你選的服飾今天可以幫到什麼忙，再想想為了自己而穿衣服有多棒。需要的話，再試一種冥想。你值得花點時間讓自己感受到舒適。

7. 如果在第六步之後，你仍覺得穿這套服飾不舒服，那就換一套。也許你選的服裝基於某些原因沒有發揮應有的效果，那也沒關係。我們不會每次都穿對。在某一套服裝中找不到舒適感並不代表失敗，你只是想得比較多、知道自己要什麼而已。

8. 多帶一件T恤或連帽衣（或其他舒服的衣服），以防自己想換衣服。身體不會一整天都有同樣的感覺，如果能在有必要時調整，當然是好事。
9. 一天結束後，花點時間想想今天的穿著帶給你什麼感受。要感謝自己願意以舒服為第一優先。脫掉這套衣服後，感謝睡衣提供另一種全新的舒適。記住你今天做了對自己好的事，這是成為地精的一大步。

希望在以上的練習之後，你會覺得和自己的穿著更有連結，與身體的連結更為緊密。花時間與自己的身體產生連結有時可能很嚇人，會找到你一直想要忽略的東西。但只要你善待身體，或許能找到前所未有的平靜。讓衣服為你帶來平靜，而不是讓你分心。手上的事情已經夠多了，不可能再分心去擔心標

在溫暖地區穿得舒服

通常我們所謂的「舒服」本身就包括溫暖的感覺，但如果地精待的地方已經很溫暖了？正值盛夏，或是住在炎熱的地區，你不會希望透過把自己包成粽子來得到舒適。幸好地精知道，舒適的重點是穿起來舒服，而不是毛絨絨的毯子和厚毛衣。以下是溫暖地區的地精可以嘗試的方法。

- **感覺很好**：舒適的第一步就是讓自己感覺良好。想想穿上身後的感覺吧。也許牛仔短褲看起來很帥，但緊到有壓迫感。下次買衣服時，試試有彈性的短褲或裙子，或者自己做！給自己一些空間，想想到底什麼衣服穿起來才舒服，然後去找這樣的衣服。
- **尋找合適的布料**：棉、麻、絲等布料十分透氣，可以做得很薄，也不會影響強度，很適合溫暖氣候。這些布料的觸感也很柔軟。當然，衣櫥不太可能全是特定布料的衣服，但如果你把合適的布料放在心上，以後就能優先選擇。

- **好鞋**：好的鞋子不管在什麼氣候都很重要，當你身處豔陽下，總是穿著拖鞋甚至光腳時，更要特別留意一雙好鞋所能帶來的改變。找到不會太熱又能提供支撐的鞋可能不太容易。如果你買不起高檔鞋，至少要確保合腳、穿起來不會不舒服，也可以找比較好的鞋墊，以較少的花費來讓鞋子穿起來更舒服。
- **保護皮膚**：這和衣服沒有直接關聯，但如果你住在陽光普照的地方，別忘了擦防曬油！防曬油是溫暖氣候下完美的地精配件。

如果你對化學防曬油過敏（或單純不喜歡），也可以選擇礦物與植物原料的產品，效果一樣好。

籤很癢或鞋子不合腳這種問題。每天早上花一點時間聆聽身體裡那隻柔軟動物（這個說法是向瑪麗・奧利佛的《野鵝》致敬），那天就會更有餘裕專注在有趣的地精工作上，例如在泥土中採集或尋找寶物，或是單純坐在地上發呆。

配件是地精最好的朋友

如果你喜歡有點亂，那你一定會喜歡配件；配件是一種可以帶著走、有趣的亂。把你最喜歡的小寶物掛在脖子上，或別在領口，看起來就像帶著家的一部分到處跑，彷彿仍在家。

配件很適合用來昭告天下你的喜好。珠寶、別針、臂章、髮飾、皮帶……都能透露你的一小部分性格。當然，穿戴什麼並非地精人生的唯一重點，但若能反應你這個人的一部分，也不是壞事。

配件還能讓你在新環境裡感覺被看見，或是在陌生情境下給你自信。珠寶、頭巾和飾品往往比預期中更能放鬆心情，即使很小也不例外。或許你有一個手鐲，上面裝有自製的幸運符，能提醒你朋友與你同在；或是一只祖傳的戒指，很適合用手把玩，可以在焦慮時安撫你，不安時穩定你。以下是一些適合手作的有趣（並且簡易）配件，方便你帶著隨處晃。

- **別上別針**。只要使用安全別針和熱熔膠槍，你就能把任何東西做成別針。瓶蓋、黏貼式動態眼睛、鵝卵石、扭蛋……只要用熱熔膠把安全別針固定在任何小東西後面，就能做成小而有意義的飾品。
- **戴項鍊**。你知道任何東西幾乎都能串起來做成很酷的項鍊嗎？不論你是在舊貨店找到一支老舊的萬用鑰匙，還是在河邊找到一顆中間自然穿孔的石頭，或是一枚戴不下的戒指，你都可以拿條鏈子做成項鍊。
- **拿花當配件？真是意想不到！**一般人只會在舞會、婚禮與其他盛裝打扮的場合才會戴花，為什麼不能每天戴呢？把幸運草塞進頭髮、把薰衣草裝進胸前口袋、在領子裡插朵鮮花，或直接手提一束野花。沒有什麼比鮮花更棒了。（如果現在不是花季，用絲或紙做的花也有同樣效果。）

● **符合永續精神的布章**。自製臂章或類似物品其實非常簡單，整個過程也非常符合永續性！只要使用多出來的碎布，或從要淘汰的衣服上剪下，就能用來做布章了。你可以剪成有趣的形狀，或是在上面作畫。或是把馬鈴薯對半切開風乾，然後在上面雕刻出你的設計，就可以當成印章了。你和朋友都會有同樣可愛、可永續的「補丁」！

買舊衣的祕訣

買衣服可能會是一個讓人挫折的過程：你想要做工良好但價格合理的東西、合身、盡量環保。舊貨店可能可以用合理的預算做到。買二手衣很環保。時尚產業製造的垃圾很多，因此選購有人穿過並愛惜的衣服，是抵銷這個垃圾量的好方法。不論是購買或捐出舊衣，你都是在給予衣服新生命。這些舊衣本來會進掩埋場，現在卻跑到你的衣櫥。這根本就是比較時尚的回收行為。

舊貨店除了永續性滿分之外，也不乏優質又便宜的衣服。那些衣服都有人穿過（通常還穿過很多次），表示它們還算耐穿。任何人都可以把衣服捐給舊貨店，風格多樣（運氣好的話，尺寸也多）。當然，舊貨店不會每次都能滿足你，但只要你心胸開放，不要總是期待特定物品，就能經常得到驚喜。隨著你越來越擅長尋找舊衣，找到喜歡衣服的機率也會上升。以下是提升尋寶能力的幾個祕訣。

先賣或捐出衣服，然後再買。在你跑去店裡以前，先看看自己的衣櫥，找出一些不常穿的衣服。把這些衣服帶到舊貨店賣或捐出，這樣你的舊衣之旅就會是在衣櫥空間、或是手上的錢比較有餘欲的情況下開始。有些舊貨店會提供折價券給捐衣服的人，因此絕對值得嘗試。

出發前先設定目標。舊貨店這種地方可能一不小心就會花掉你好幾個小時，雖然大多數東西都很便宜，但你也可能一進去就逛了四個小時，最後花了

製作標本項鍊

自製配件是地精精品的重點，而標本項鍊是最具地精風情的一種。建立自己的地精配件收藏，就從製作第一條標本項鍊開始。

需要準備的材料

- 想放進罐內的任何物品：苔蘚、泥土、鵝卵石、蟲屍、花瓣、水晶、亮片等。
- 附軟木塞的小玻璃瓶一個
- 細鐵絲（18號以上）
- 尖頭鑷子或尖嘴鉗（如果你的瓶子非常小，也可以用牙籤）
- 透明膠水
- 項鍊用的鏈子、線或繩子
- 鑰匙環或扣環（非必須）

製作方法

1. 選擇想要放進瓶子的東西，可以是亮片、苔蘚、泥土或石頭，取決於你！
2. 將鐵絲穿過軟木塞。在軟木塞底部把鐵絲折彎，使其勾住軟木塞，然後在軟木塞上方彎出一個圈，以便穿過項鍊。把多餘的鐵絲剪掉。
3. 用鑷子把你想放的東西裝進瓶子。不用擔心擺不好，因為在這種和小指差不多大的小瓶子裡，要把東西精準擺放幾乎不可能。放進瓶子裡的東西通常有點亂！沒有人會把果醬小心翼翼地擺好吧。
4. 在軟木塞下半段的外側塗上膠水。確保軟木塞會碰到瓶子的部分都要塗到，這樣軟木塞才會固定。然後把軟木塞塞進瓶口。
5. 膠水乾掉後，將項鍊要用的鏈子穿過塞子上的洞（也可以將鑰匙圈或扣環穿過洞，然後再把鏈子穿過鑰匙圈）。
6. 完成了！現在你擁有一件美麗的地精配件，可以把你最小的寶物帶著走了。

三千塊（一百美元）買彩色玻璃和陶瓷相框。在舊貨店裡浪費掉一整天有時或許很好玩，但如果你有要完成的任務，最好還是在出門前設定目標。列出預算和需求、限制自己只逛某些區域，或是設定時限，規定自己一個小時內離開。選擇任何對你有用的方式。

穿合身的衣服。不是所有舊貨店都有試衣間，因此最好穿比較緊的衣服，例如褲襪或車衣之類的，這樣只要看到喜歡的衣服就可以直接套在外面，不需要依賴試衣間。

檢查品質與保存狀況。花一點時間確定沒有汙漬、破洞或其他可能帶來比價格更高的麻煩狀況。把衣服翻過來檢查磨損狀況，同時感覺一下布料，確認沒有太鬆垮或起毛球。再花一些時間看標籤上的布料、品牌、生產地等資訊，知道這些會比較好。每個地精都知道舊貨店有機會找

想知道褲子合不合身，可以將一邊的褲縫對齊肚臍，再把另一邊繞到背後，如果可以分別碰到肚臍和脊椎，應該就穿得下。這個方法也適用於上衣和洋裝。

到好東西，查看標籤可以確保衣服耐穿，真的是寶物。

再看一眼你挑的每一件衣服。我們很容易過度消費，尤其是在可以花小錢買到一堆衣服的舊貨店。每當你累積到五樣東西時，停下來再看一遍。問問自己這些衣服的布料是不是真的有達到你想要的柔軟度、剪裁是否良好。或許也該想想要搭配衣櫥裡的哪一件衣服，還是已經有相似款式了。你喜歡那件禮服，是因為它符合你的風格，還是因為它很便宜？你可以想像自己穿著那雙靴子是什麼樣子嗎？重新評估要買的東西，才能確保你真的喜歡衣櫥裡的收藏。

選擇好時機。最好在週間去舊貨店尋寶。如果你常常去，甚至可以問問店員何時會補貨。選擇過季商品，也就是在夏天買外套、冬天買夏日洋裝，比較容易找到條件好的商品。一般商店通常依季節調整存貨，但舊貨店通常全年都有

可以的話，把不打算購買的衣服好好放回去，盡量不要造成工作人員的負擔。

不同季節的衣服。這很適合喜歡提前準備的地精，以及總是在冬天覺得太熱、夏天覺得太冷的地精。

有了上述祕訣，任何地精應該都能有自信地前往舊貨店，並帶回一些優質的衣物。去舊貨店就像尋寶，雖然可能要多去幾趟才能找到想要的東西，但只要你找到寶物，這一切就值得。以低價取得舒服、做工良好的服飾感覺很棒，而且對荷包和環境都有好處。每位地精都值得擁有適合自己的舒服服飾，而舊貨店絕對是理想去處。

舉辦地精衣服交換會

或許你和朋友都很缺錢，卻有太多不再穿的衣服。如果你不喜歡去舊貨店購物，或是有其他不能去的理由，那就和幾個朋友辦一次衣服交換會，把舊貨店帶到你身邊吧。這就像是一場派對，大家各自帶想捐出去的衣服，然後免費從別人的衣櫥中找出自己要的衣服。你可以找一大群人，也可以只找幾個朋友。這種方法很有機會找到自己難以取得的新衣服，而地精文化的重點就是尋找有趣的新寶物。

交換衣服之所以適合地精，有好幾個原因。首先，你可以和朋友相聚，建立一個社群。沒有社群的地精怎麼活下去呢？如果你可以加入一整支地精大軍，四處散播地精福音，為什麼要孤單一人？交換衣服也是永續的作法。你沒有購買全新的衣服，而是買二手貨，這對環境比較友善。衣服交換會也比一般的舊貨店更有機會出現寶物和酷東西，因為你可以自己決定客人名單，而且你大概知道朋友喜歡穿什麼。最棒的是，衣服交換不需要花錢，根本就是標準的反資本主義。

舉辦衣服交換會並不會比一場飯局難到哪裡去，我們準備了一些祕訣，可以確保朋友好好享受這場活動（並使其成為重要的傳統）。

組成多元。如果你有一位朋友喜歡把每件衣服都做鉤針處理，另一位朋友

頹廢風地精的舊貨指南

聽著，地精有很多種。有些人進舊貨店是速戰速決，買到需要的東西就走。也有人想花上一整天走遍每一條走道，翻遍每一件衣服。如果你是那種想在舊貨購物日砸大錢的地精，我們也有一套指南。

- **清空行事曆。**不要在你只有一小時空檔時去舊貨店，給自己一整天四處走走看看。為了舊貨店而排開其他行程，才能讓這個過程顯得像是一種奢華的自我照顧。即使你只有要買一兩樣東西，多給自己時間四處看還是會比急急忙忙的搜尋舒服得多。找舊貨不見得容易，要多給自己時間。
- **什麼東西都看。**或許你今天的目標是褲子，完全不想看家用品。可是為什麼要畫地自限呢？試坐一下椅子也無妨。逛逛男士T恤、舞會禮服或玻璃器皿吧，寶物通常是在預期之外的地方找到的。

● **對自己好。**多帶一點錢。每次撥個一、兩百塊（五美元）在你原本沒有要買的物品上，不僅讓你在找到超酷東西時有預算上的緩衝，又不至於超支。就算只是個小東西，也是禮物。

● **加入一些變化。**如果你總是去女裝部找上衣，試著偶爾去男裝部看看（反正性別化的服裝本來就是假概念）。如果你總是先從毛衣區開始逛，試試看先去西裝外套區。選在一週中的不同天或一天中的不同時段去舊貨店，以找出你最喜歡的時間。如果你平常都不帶購物清單，試著準備一份，或是反過來。改變習慣可以幫你找出最適合自己和地精大腦的作法。

● **帶朋友一起去。**獨樂樂不如眾樂樂，去舊貨店尋寶也不例外。兩雙眼睛一起找，可以大幅提升找到地精珍寶的機率，還多一個人出主意，讓你不必把所有決策責任都往身上攬。此外，單純和朋友出遊就是很有趣的事情了！一起在舊貨店中尋寶，可以在解決待辦事項的同時製造社交機會。

過去十年只穿哥德風衣服，這種組成會讓活動有趣許多。我們不希望你看著朋友的衣服，連續五件、十件的感想都是「我有一樣的」。想想如果你邀了藝術風的朋友、emo風的朋友和健康環保主義的朋友一起來交換衣服，現場會出現多少超酷的衣服、鞋子和飾品吧。這才是地精派對。

規劃成一場派對。記得添點樂子！或許可以請每一位朋友帶一種零食過來，你也可以自己畫邀請函、製作歌單，或是擺上紙環鍊和氣球等裝飾品。讓交換會擁有特殊活動的氣氛，這樣大家就會很開心。如果你的朋友看得出你花了很多心力在籌劃，他們就會花更多心力帶更好的衣服來交換。所謂種瓜得瓜，何不好好規劃一次交換衣服的有趣活動呢？

為所有人著想。如果你邀了五個身材差不多的朋友和一個不一樣的朋友，那交換會一定不會順利。當然你的朋友圈裡有各種不同身材的人，不會有那種大家的衣服穿在身上都合身的人，但在寄出邀請函之前，還是要考慮到這一點。如果大家尺寸差不多，只有一個人十分特別（機率不大，但有可能），那你可以辦珠寶配件交換會，以確保每個人都能參與。要成為一位好地精，就必須多為別人著想，尤其是朋友。

考慮細節。為了確保大家都能盡興，試著多考慮一些細節。不要告訴朋友隨便什麼舊衣服都好，而是要狀況好並且（盡量）可愛或有趣的衣服。此外，最好建議每個人要帶的件數，以避免有人帶了三十件，有人卻只帶了二件這種尷尬。你可以叫大家帶五件，或是介於五到十件之間，選擇一個合理的範圍。

訂定主題。你當然可以辦一場不指定類型的交換會，不過有個主題可能更好。可以是某種類型，例如禮服、帽子或圖案T恤。也可以選擇像「大地色系」這樣的主題，或是閃亮系顏色，甚至指定要地精風格，也許被朋友遺忘在衣櫥一角的衣服會成為你的全新服裝主力。當然，有時要找到符合主題的服飾不容易，因此最好不要太具體，要留給客人解讀空間。你也可以把每個人要帶的件數下限設定得寬鬆一些，或是和朋友一起討論，以找出大家都能參與的主題。記住，地精是熱愛社群合作的生物。

縫補、修理和升級改造

如果你想升級服飾、改善永續性並強調個人風格，你應該會很喜歡學習縫補、修理和改造。以下技巧能讓你的衣服穿更久、更合身，甚至更好看。若是能自己修補磨損的衣服，你不但能繼續穿那些設計優秀但本來要丟掉的衣服，甚至可以為衣服加入個人特色。

修補外套、縫回鈕扣，甚至是打洞，這些都不需要什麼技術。即使是沒拿過針的人，只需要一點練習，就可以學會基本功了。雖然這些基本功都很……基本，還是能大幅改變你的生活。學會縫紉與修補能讓你的衣櫥更永續，日子也會比較輕鬆，因為如果你最喜歡的外套掉了一個鈕扣，你不需要煩惱請誰來縫、還是要保持少了扣子的狀態，或是要不要送人等等，你可以直接拿出針線包，花個幾分鐘把鈕扣縫回去。區區兩個工具就能為你省下時間和精力。

自己縫補衣物也能提供充分的訂做和改造空間。或許你買了一件舊的牛仔外套，想在上面縫滿補丁，或者想把開襟衫上的棕色鈕扣換成綠色。有幾件衣服可以修改得更合身。學會基礎的縫紉技巧，可以讓你在服飾上發揮更多創意，並進一步瞭解個人風格。今天你還在學補襪子，總有一天會做衣服。但先別急，現在先從基礎開始吧。

穿針

我們先從基礎第一課開始，畢竟這本書是寫給所有地精看的。在你縫衣服之前，得先把線穿進針孔，這不複雜，但還是小小教學一下。如果你的細部手眼協調或視力有問題，可以考慮使用穿線器降低難度。穿線器在手工店或量販店都找得到，通常會附在一組針裡。

1. 把線的一端穿過針孔。線最好還在捲軸上，而不是剪斷後再從剪掉的那一端穿，如此可以讓線的纖維保持在對的方向。線是將纖維扭轉纏繞而成，如果逆著線的方向穿針，等於是在對抗纏繞的方向，導致更難穿過針孔，同時增加線纏到東西的機率。很多人會建議舔過線頭再穿過針孔，其實很不好！舔線頭會使線在乾掉的過程中膨脹，線也會變得脆弱，在縫衣服時纏到其他地方的線。正確的作法是剪線時要有一個角度，讓線的切口變尖，方便穿過針孔。

2. 從線軸上解開你認為所需長度二點五倍左右的線。把針沿著線拉，直到針來到剪斷那端與線軸的中間為止。

3. 線的兩端打單結：將線的末端折到線軸處，這樣就是用右手拿著針和在針那端的線，左手則拿著線頭和線軸。將針疊到線的末端，再將針那側附近的線（兩條都要）在針上繞兩圈以上（如果布料比較鬆，可能需要打比較大的結），再將繞在針上的線捏緊，沿著針拉到線上拉緊，就會形成單結。

4. 完成了。恭喜你！（線可以從線軸上剪掉了。）

縫鈕扣

縫鈕扣是簡單但非常有用的縫紉技巧，也是很好的入門。如果你是那種看到店裡賣的衣服有附額外鈕扣就會覺得全身不舒服的人，這個教學就很適合你。以下是如何縫兩個洞的鈕扣，但基本上所有鈕扣的縫法都差不多。

1. 選好鈕扣和線的顏色。如果你想要和衣服上原本的鈕扣和線一樣，沒問題；如果你掉了一個小黑鈕扣，想換一個大綠鈕扣，也沒關係。
2. 把線穿入針孔。為了讓線更牢靠，穿過針孔「之前」要先對折。你可能需要準備針孔比較大的縫衣針。線的兩端都穿過針孔，然後把針拉到線的中點。把線對折，兩端打結。這樣就會有四條線，鈕扣也會更牢固。
3. 找到鈕扣原本的位置。把針從衣服內側垂直穿出衣服，然後拉動針，直到線末端的結卡到布料為止。
4. 把針穿過紐扣上的任何一個洞。把鈕扣按在你希望的地方，然後把針穿過鈕扣的另一個洞，再穿過布料。要確保線有拉緊。

5. 把針往上推過布料與鈕扣上的第一個洞，然後再往下穿過第二個洞和布料。重覆這個過程三次，或直到你覺得鈕扣已經縫緊了為止。

6. 稍微鬆開鈕扣。把針從布料的背面穿到正面，從布料和鈕扣中間穿出（不要穿過鈕扣的孔）。把線繞過先前縫的針線大約十次，纏成線桿。這樣能避免鈕扣過於緊貼布料，穿起來不舒適。

7. 把針往下穿過布料最後一次。打一個結。這個結離布料越近越好，把線從接近結的地方剪斷就完成了！

簡易改短

就是縮短衣服長度，例如修改裙子的長度到你喜歡的位置，可以調整衣服的合身程度，或是稍微改變風格。這個工作很簡單，能快速把你喜歡的衣服變成最愛的衣服，或使常穿的衣服更多元。以下教學只是改短入門，如果你想要做得更多，可以在縫紉相關書籍或網路上找到更進階的說明。為了保持精簡，以下說明以改短裙子或禮服的裙襬為主，但同樣方法可以套用到褲子和比較鬆垮的上衣（褲子只要想像成兩件裙子就可以了）。

1. 在鏡子前面試穿裙子或禮服，找出要的長度。在想要的長度處別一根珠針，記得要和下擺布料垂直。不要急，仔細找出自己覺得最好的長度。
2. 脫掉裙子或禮服，沿著同樣長度的地方繼續別珠針，同時將多餘的布料折到內側。你可以再穿起來看看珠針標出來的高度有沒有一致，或是測量多出來的布料部分長度對不對，或是與另一件長度正確的裙子比較。大概每十五公分左右插一根珠針，有需要的話多用無妨。要找到對的長度並確保下擺齊平，下擺的長度越整齊，成品看起來就會越好。
3. 珠針留在裙擺上，用熨斗燙新的下擺，製造折痕。如果珠針是塑膠製的，記得不要燙到！熔掉的塑膠會毀了整件裙子。
4. 如果要修剪的部分很長，在折痕下方三到五公分處做記號，再把多出來的布料裁掉。你當然可以直接把下擺剪到你要的長度，但多做這一道程序可以讓布料變得強韌，比較不會磨損或鬚邊，更耐用。

5. 把線穿過針孔，使用六十公分左右的線，顏色最好與布料相同。改短有很多不同的縫法，我們這邊先用最簡單的平針縫。

6. 從內側離折痕約零點六到一點二公分處將針插入裙擺，直直穿過兩層布料。把針往右移零點六公分左右，再從外側插入裙擺，同樣貫穿兩層。重覆將針插進插出群擺，直到縫線繞了整件衣物一圈為止。為了讓最後的表面更乾淨，記得每一針的距離和縫線離新下擺處的距離要一致。

7. 縫完一整圈之後，把線打結就完成了！這個作法也適用於修復受損的下擺。再說一次，有許多不同的縫法，有些可以讓縫線比較不顯眼。多試幾種方法，找出對你而言最合理的作法就對了。

縫製補丁或臂章

不論是你最喜歡的牛仔褲破了個洞，還是你想替一件外套或托特包增添一點個人色彩，縫補丁都是值得學習的地精技能。縫補丁和臂章之類的東西非常容易，使用的布料也很容易找。如果你想要便宜的補丁或臂章用布，在舊貨店和古董店通常只需要幾十塊（二到三美元）就能買到，你也可以剪打算淘汰的衣服，做成材料。利用舊衣服來製作補丁和臂章不僅可以省錢，又能把衣服回收再利用。（可以試著在縫上去之前先用布料專用的顏料上色！）

1. 選好你的補丁和想要縫的位置。如果你單純為了裝飾，就多花一點時間挑適合的位置。如果是為了補洞，要確保尺寸和位置正確。
2. 選定位置後，用一小片雙面膠或幾根珠針固定補丁或臂章，以便下針。
3. 把線穿入針孔。

4. 把針從衣物內側穿到外側，下針處在補丁的邊邊。把線拉到末端的結緊緊靠著布料為止。
5. 把針再穿到衣物內，不經過補丁。這次針不穿過補丁，但還是要靠近布料，這樣每一針才不會太大針。
6. 把針移動約零點六公分，再穿過布料與補丁邊緣，然後再從補丁附近穿下去。重覆這個過程，直到整塊補丁都縫好。
7. 縫好後在線上打一個結，固定好，這樣就完成了！

更多改造升級好點子

以上的縫紉祕訣和教學，足以讓你踏出翻新舊衣的第一步，當然，有創意的地精可以利用舊衣與少數幾種簡單的材

如果是用熨斗燙上去的那種紋章，最好還是要縫到衣物上。你可以先把圖案燙上去再縫，有縫會比沒縫好。

料，做出更多更有趣的東西。改造是一種不用花錢買一堆新衣服，就能讓你的衣服感覺更新、更適合的有趣作法。地精人生的重點，就在於重新思考面前的東西，不同技能水準的地精都能在以下的點子中找到適合自己的計畫。

專注細節的地精：試試刺繡吧。刺繡物美價廉，能替任何布料增添更多魅力。你可以繡簡單的圖案，例如愛心或花朵，而比較有經驗的人能把整件衣服繡滿美麗的設計。刺繡非常適合喜歡在小東西上創造大量美感的地精。

能在亂中找到美感的地精：試試非隱藏式的修補吧。這種技法指的是故意凸顯衣服上補過的洞或是髒汙的位置。刻意挑與布料顏色不同的線來縫，並做出簡易造型，例如愛心或葉子。使用長而垂直的縫法縫出外型，然後把針轉九十度填滿這個形狀。這樣一來你的可愛作品就能表現出這件衣服的歷史和你的針線技巧了。

相信世界上沒有錯誤的地精：試著畫畫吧。布料用的顏料用起來很有趣也很容易，可以讓你的衣服更出色，更有獨特色彩。你可以把牛仔褲的後口袋全都換個顏色、裝飾自己的托特包，或是幫所有的地精朋友做T恤。如果你作畫的時候出了什麼錯，可以直接蓋過去（反正地精都知道，沒有什麼叫真正的錯誤啦）。不論你是要做小細節還是大面積的圖案，在衣服上畫畫都是讓地精表現自我並使衣服更有趣、更有個人風格的好方法。

喜歡改變外型的地精：試試改變用途吧。如果你有一件真的沒救了的衣服，可以想想除了拿來穿之外還可以怎麼利用。一件被蟲咬穿的舊禮服可能已經不能當禮服穿了，但你可以把它剪成擦碗布或抹布；破洞太多的牛仔褲或許可以用來修補其他衣服。髒掉的T恤只需要一些加工，就能改造成袋子。你也可以拆下某件舊裙子的蕾絲，用在別的縫紉工作上。發揮創意，想想這些不能穿的衣服還能有什麼用途。我們的社會主張單一用途，但大多數東西其實都可以回收再利用。與資本主義的心態對抗，重新想想回收吧。

清楚自己要什麼的地精：試著修改造型吧。如果你有過長的禮服或是太鬆垮的上衣，把針線（或是縫紉機）拿出來，改成你想要的樣子吧。就算只是修改下擺或領口，穿起來的感覺也會像全新的。你不必花錢重買整櫃子的衣服，而是把某件衣服的側邊收緊或放鬆一些。修改需要的縫紉技巧比較高深一些，但對喜歡縫紉或能力還不足以自己做衣服的地精而言，這樣的創作很適合。

喜歡鈕扣的地精：那就試著縫鈕扣吧！可以把這篇文章當成是准許你在衣服上縫滿鈕扣。縫滿整件毛衣、把開襟衫的每個鈕扣孔都換上不一樣的鈕扣，或是在髒髒的工作衫上縫特殊造型的鈕扣。鈕扣越多越好、越有趣越好。如果你喜歡鈕扣，那就大方擁抱這個喜好。（再說了，我們不都喜歡鈕扣嗎？鈕扣越多，這個世界就越美好。謝謝各位熱愛鈕扣的地精幫我們打造更好的世界。）

喜歡把藝術創作掛在袖子上的地精：試著自己做臂章吧。最簡單的臂章就是把色彩繽紛的衣物剪成碎布，然後用這些碎布當補丁。你也可以多做一點，使用麥克筆或是印章配布料用顏料，在碎布上印出圖案，然後用來當補丁或臂章。這種方法很適合讓你在身上掛滿自己的藝術作品，就像布料版的超酷刺青。你甚至可以替朋友做臂章，讓大家都能展示自己的地精榮耀。

羊毛氈做成的菇補丁

在你成為修補衣服的專家之後，何不來找點樂子呢？跟著以下的教學，學會如何使用特殊的針和羊毛團來將羊毛衣（或任何羊毛衣物）的破洞以穩固又可愛的方式補起來。以下的教學結合了兩個地精最愛的元素：菇和自給自足。

需要準備的材料

- 兩種顏色的羊毛團，一種顏色用來做菌傘，另一種做上面的斑點（羊毛團就是還沒紡成紗線的鬆散羊毛）
- 羊毛氈用的海棉、一塊軟泡棉或普通海棉，上面放一塊羊毛氈
- 羊毛氈專用針（這和普通的縫衣針不一樣，尖端有倒鉤，可以使羊毛氈化）

製作方法

1. 選擇要用來做香菇菌傘部位的顏色。
2. 扯下一團你選的顏色的羊毛，尺寸大概在你要補的洞的二倍大，然後把這團羊毛滾成鬆散的球體，再把羊毛團放在毛衣外側。將泡棉放在毛衣內、要補的洞另一邊。
3. 用羊毛氈針持續戳刺羊毛，直到羊毛的質地變得堅硬，並確定羊毛已經固定在毛衣上為止。有需要的話就加入更多羊毛。為了保持羊毛團是圓的，在戳刺時輕輕將針繞著羊毛團走，以改變羊毛團的形狀並將鬆掉的羊毛拉進來。
4. 拿第二種顏色的羊毛團，扯下數小塊，每一塊大約是你想要斑點大小的二倍大。把每一團都揉成球形。
5. 一次拿一個斑點，放到菌傘上，並用針戳到固定。記得把斑點放在外側。戳圓的方法和菌傘一樣。
6. 斑點在菌傘上固定好後就完成了！你的毛衣多了一分地精魅力。

與衣服建立良好關係是一輩子的事，希望你已經得到一些工具，可以踏出第一步了。服裝不能決定任何人的一切，但覺得自在仍是值得追求的目標。你不應該先考慮別人對你的衣著有什麼看法，而是要優先考慮這些衣服對你有什麼好處及效果，以及怎樣才是展示你獨特風格的最好方法。多花點心思在服裝上，就是多花點時間陪伴自己，而你值得多留點時間給自己。

IV

打造地精之家

如何讓生活空間更有地精風格

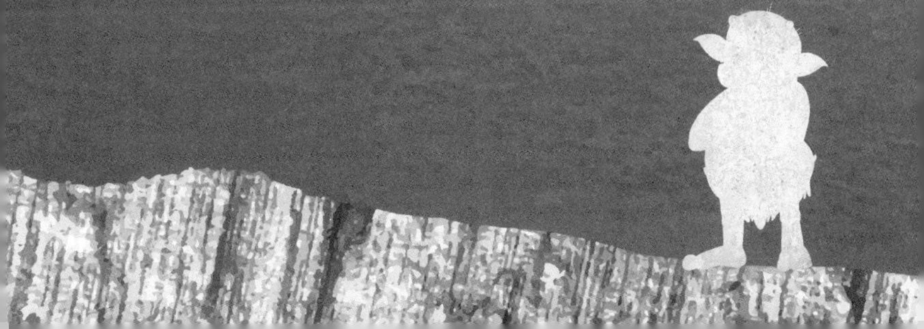

不論你是住在公寓、宿舍、平房還是林間小屋，都有許多方法可以讓你的家更有地精風格（但說真的，如果你已經住在林間小屋裡，大概也輪不到本書教你怎麼過地精人生）。你只需要思考一下你的空間要帶來什麼感覺就可以了。

不論住在哪裡，你都會希望自己的家感覺很安全、很歡迎你回來，但具體來說需要什麼樣的設計呢？試著找出家裡讓你覺得最舒適的地方吧。也許是書桌上的蟲子圖畫牆，或是蓮蓬頭上裝了真蓮蓬的淋浴間。你的小窩裡應該會有你最喜歡的地方，不需要很大，你只要試著多留意，就會發現自己為何喜歡這些小地方。

等你比較瞭解自己想要什麼感覺之後，就可以開始把那些元素帶到家裡其他角落。你可以把整間公寓放滿蟲子做成的裝飾品，每個牆面下都是植物。這是你家，就算只到臥室的門為止，那也是屬於你的空間，應該要帶給你想要的感覺。本章將提供許多點子，讓你打造出對你而言最完美的地精小窩，從家飾、打掃，到把氣味和聲音融入生活，你會找到許多把居住空間地精化的祕訣。

凌亂？這我最懂了

有些人聽到「亂」這個字就想跑，但地精知道每個亂糟糟的地方都有一個溫暖、黑暗、舒適的核心。世界上最舒服的地方，莫過於待在喜愛之物的正中心。地精的家飾哲學就是把東西整理好，統統展示出來，同時創造出適合自己性格的空間。妝點巢穴並不是要你把自己的品味藏在社會普遍接受的靠枕後，然後再用別人喜歡的方式裝飾整個空間。正確的作法是展示你的品味，全部、隨時，即使有點嚇人也一樣。有什麼比身邊圍滿喜愛的收藏品更讓人快樂呢？

我們先從基本步驟開始瞭解怎麼打造理想的地精巢穴吧。

炫耀。你有多少超酷的東西藏在抽屜和盒子裡？大概不少。你或許覺得世界還沒準備好欣賞你的浣熊頭骨收藏，但你根本不需要考慮這個世界可以接受或不能接受什麼。把所有做歪掉的業餘陶製品全都放在電視旁，把貝殼和海玻璃用釣線串起來掛在窗前，你還可以把散裝的珠子、葉子或二十面骰子放進罐子裡當擺飾。想一些有趣、聰明的方法來展示你最喜歡的東西，那就是妝點小窩的好方法。能持續提醒你，自己喜歡的東西有被欣賞的價值。

舒適性。看到這裡，希望你已經明白地精要花很多時間打造舒適環境。把家裡每個地方都弄得柔軟、舒服、易於使用，這可能代表需要很多枕頭和毯子，或在常待的地方放一件連帽上衣，以防你覺得冷。每個人對於舒適空間的想法可能不同，一般準則是，把空間布置得讓你想要待下來而非離開。

做自己。你的窩屬於你，不需要期待它能吸引所有人。這個世界的一角並不需要對別人比對你有用。當然，如果你和別人同住，你確實要尊重對方的規則與品味，但只要是屬於你的空間，就完全可以依自己的品味調整。想想你的空間應該代表誰：是代表你喜歡的那位網紅，還是會在房裡待很久的你？不要迎合別人的期待，而是應該放縱自己，甚至解放出有點怪的那一面。在自己的空間裡大肆宣揚自己的性格。

收集對你有價值的寶物

少有什麼事情能比「擁有充滿熱愛事物的空間」更讓人滿足。收集特殊的物品和寶物可說是地精文化的重點之一，不僅可以保存記憶、興趣與品味，還能向別人炫耀。在身邊堆滿喜歡的東西，可以提醒你自己是什麼樣的人、想成為什麼樣的人。地精的收藏並不是因為物慾，而是有想法、有目標地選出美麗、有意義的物品。

當然，所謂的「美麗」與「有意義」是由鑑賞者定義。或許你有一整個抽屜的紙鶴，全都是用糖果紙做成的，或是牆上掛滿了乾燥花。你的收藏不見得要符合傳統定義的美感，只要你覺得美就好了。也不見得要是花錢買來的東西，只要對你而言有價值即可。

收藏是重新思考「價值」的好方法。桌上那一堆購物清單並不值錢，但也許你看著它們就會覺得開心，並想起它們代表的意義。一箱生日卡沒什麼轉賣價值，對你而言卻意義非凡。在乎擁有的東西並非壞事，不代表你這個人就膚淺或是物慾過盛。一個人會在意自己多年來一直放在心上並妥善照顧的東西，非常合理。其他人或許對超酷的金龜子收藏有其他看法，但不代表這份收藏沒有價值。重要的是你給予這些物品什麼價值。重要的是你有多在乎。

展示收藏品很適合用來裝飾、炫耀，以及讓空間更有你的味道。炫耀收藏也能建立社群。如果你和朋友分享自己的收藏，不論是在現實生活或在網路上，你就是在告訴他們你的品味、價值觀和興趣。只要你展示喜歡的東西，就是在建立一個空間，讓別人能夠進一步瞭解你。或許你熱愛旅行，每到一個地方就會收集很酷的石頭，這樣一來你不只有一套石頭收藏，而且每一塊都會連結到有意義的回憶和體驗。或許你特別喜歡烏鴉，房裡有個放滿烏鴉羽毛的花瓶，以提醒自己喜歡的動物永遠都在。收集的重點不在囤積和物慾，而是在乎、紀念，以及表達自我。

放心展示

現在你對展示收藏更有信心了，來想想怎麼與家飾結合吧。雜亂無章地將你織好的每一雙手套放在地板上或許很簡單，但一點也不好看、不方便取用。真正的凌亂與地精式的有趣凌亂不同，差別在於目的。你不應該單純亂丟，而是要想一下怎麼擺放才能帶來好處。晚上睡覺時想要有什麼樣的感覺？床邊要放什麼才能營造出那樣的感覺？用這種心態去布置每個角落，很快就能打造出舒適的小窩，讓你開開心心住下去。

瓶罐、瓶罐、瓶罐：玻璃瓶罐最大的好處就是有各種尺寸，而且放什麼都好看。瓶罐是在髒亂與整齊之間的平衡點，內容物一覽無遺，更棒的是它很便宜，隨處都買得到。去找各種大小的玻璃瓶罐，裝進不同的收藏：筆、打水漂用的石頭、鈕扣或戒指等等。然後放到最能凸顯它們的地方。這種裝飾品很好看，也方便取用。你可以多留幾個空罐子，以防哪天你有一大堆繩子或髮帶需要處理。裝進罐子，就能在解決收納問題的同時獲得一件擺飾。

好好「擺架子」：通常收納空間和展示空間是分開的，但架子可以填補兩者之間的灰色地帶，同時提醒你：展示收藏品並沒有那麼難。架子很容易裝設並個人化，即使是外觀有點無聊的款式也沒問題。你可以把從量販店買來的無聊架子漆成和牆面同色，使你收藏的青蛙人偶更為突出。如果你在路邊找到老舊書櫃，可以在側面畫上菇或是貼人造花，在內側貼上壁紙或自黏紙。把架子個人化之後，就能好好挑選要放上什麼寶物了。盡情發揮創意，把收在櫥櫃裡的東西列入考慮。裝飾架子是一個重新思考你每天想看到哪些寶物的機會。

善用展示盒：櫥窗盒（shadow box）很適合用來展示平常不會掛在牆上的東西。櫥窗盒指的是一個淺盒子，正面是玻璃，可以掛在牆上或放在桌上。你可以用有趣的方式展示貝殼、石頭或鈕扣等，把東西用圖釘或膠水固定在底部，舊衣服、乾燥花和蝴蝶標本也都適用。雖然櫥窗盒很容易買到，你還是可以把鞋盒或任何盒子改造成簡易的櫥窗盒。它能讓你的收藏顯得更為豪華有趣。

亂歸亂，還是要上相：主題牆是一種「很地精」的裝飾工具。基本上你可以把所有收藏都掛在同一面牆上，只是要注意細節與陳列物之間的間隔，否則這面牆看起來會太有壓迫感。但別擔心，想在東西定位前看看效果並不難。首先，把想掛到主題牆上的東西都拿出來，量好每一樣的尺寸。然後找張影印紙、包裝紙、報紙或隨便什麼方便的東西，裁成裝飾品的尺寸。把紙貼到牆上，花點時間調整，直到你找出最理想的配置。接下來就只要把裝飾品掛到指定的位置就可以了。主題牆有種整齊的亂，能打造出美麗的裝飾效果。

盡量將類似的東西放在一起。你的塑膠恐龍不應該分散在屋內各處，而是應該放在例如電視機上。舊鑰匙收藏不該只掛幾把在冰箱上，而是全部掛在書桌上方的牆面上。嘗試不同方式來展示你的收藏吧，很有趣的。

托盤奇蹟：如果咖啡桌或餐桌上有充足的空間，你可以用托盤（或大盤子）來裝某些收藏品。飾品有自己的托盤以後，不但看起來更花俏，當你要宴請地精朋友、需要更多桌面空間時，只要把整個托盤端走就好了。如果在托盤上放彩色玻璃瓶、陶瓷動物玩偶或青苔容器，你的空間就會因為這些收藏品不再是在牆邊和架子上，而是在房間中央顯得更有深度。

改變人生的魔法：不整理術

什麼叫乾淨的家？每天都得消毒？只能儲藏生存所需最低限度的物資？走到哪裡都得拖著吸塵器？還是代表合理的規劃、你知道（大多數）的東西放在哪裡、盤子通常會收起來，並且牆角不會出現越來越多的灰塵？

我們都該放過自己。社會給我們很多道德壓力，要求我們保持乾淨。可是「乾淨」並不是一個很客觀的詞。對有些人來說，乾淨代表東西收好、每週打掃。有些人卻認為只要看得到大部分地板就好。乾淨本身並沒有什麼好處，髒亂本身也沒有什麼壞處，這兩個詞不是二元對立的概念，只是和你擁有的東西共存的方法而已。床上的毛衣和飾品數量並不代表你是個什麼樣的人，也不代表你值不值得獲得別人的愛、關心和注意。

即使是最愛打掃的人，偶爾也會一整週、一整個月甚至一整年都不想定期打掃。這沒什麼問題。不代表你這輩子就不洗衣服了，也不代表你在道德上有瑕疵。人生中沒有什麼東西是絕對的，接受自己能量、動力上的流動性，可以讓你過得舒服很多。你不需要照著別人的標準來過日子，你的空間只需要保持在你覺得安全、舒服、方便使用的樣子就可以了，不需要去擔心陌生人會不會覺得這裡「夠乾淨」。

地精不追求道德壓力下的整潔觀，比較傾向追求以人為本的方法。你的空間感覺上能住人嗎？符合需求嗎？髒亂程度會給你家的熟悉感，還是壓力？你的家裡是髒到會影響健康，還是只是比較亂？你的整潔觀念不需要和別人一樣。找出自己對乾淨的定義，就是探索自己如何才會覺得安全和輕鬆。

如果你對自己欠缺組織性這點感到挫折，或是髒亂已經影響到你，這時就該去找找適合你的整理術。或許你應該找一位擅長整理的朋友，幫你重新思考衣櫥和食品櫃裡該放什麼，或是花錢請人每隔一段時間來幫你打掃。保持個人空間的整潔，或至少以自己的需求而言算是有條理，都足以反映你有多在乎自己和居住環境。空間可能會影響心理健康，因此最好想想自己到底是喜歡衣服到處亂放的人，還是只要衣櫃太亂就會焦躁的人。以下有幾種方法。

知道東西放在哪裡。不要把重要東西放在「安全的地方」然後馬上忘了它，最好有一個固定擺放的地方。例如，手機充電器應該一直放在同一個地方，最好是經常使用的地方，而不是上次充電的地方。鑰匙永遠掛在同一個掛鉤上。家裡每張椅子、沙發或床邊都有一個放老花眼鏡的盒子。盡量選擇明顯的地點，甚至可以用手機記錄。如果你不知道東西該放哪裡，可以運用「放個桶子」的概念：當你發現自己總是把很多東西放在某個地點時，就在那裡放一個桶子（或收納箱），轉眼間就沒有一堆雜物了，只剩一個整齊的桶子。

亂有亂的去處：不是每個東西都必須貼好標籤再真空包裝，才叫「有條理」。整理的祕訣，就是指定一個地方來亂放東西。收到信件後，你不必依字母排序放進文件夾。你可以在桌上放一個盤子或花盆，當作丟信件的地方。你的信很亂沒錯，但亂得有範圍（在地上放個桶子！），之後要找也比較容易。這個方法可以套用在任何東西上：在大門旁擺個盆子放出門時一定會帶的東西；用馬克杯裝備用的護唇膏和乳液；在浴室放個罐子裝首飾。確保你的重要物品位於你記得、拿得到的地方。這個方法也可以幫你追蹤什麼時候需要補充或清除某樣東西。如果你的信件堆已經變成摩天大樓了，或許就該清一下。如果你的筆筒馬克杯空了，或許就該買新的筆了。只要保持整理習慣，就可以減少一些必須記住每件事的壓力。

把打掃變有趣。聽起來很陳腔濫調，甚至不可能。但如果你想要改善清理工作，最好讓它變得不那麼痛苦。想想生活中有什麼東西可以給你動力，然後

地精極簡主義

如果你是個很有組織的人，看到這裡可能會疑惑自己到底能不能成為地精了。別擔心，你就算每個月都會全屋大掃除，喜歡使用標籤分類，還是可以成為地精。本書中所謂的「亂」並不一定要真的髒亂。有條理的怪人仍然可以用地精風格裝飾家裡，而且難度不會比較高。以下是打造亂中有序空間的祕訣。

- **控制亂的程度**：如果你不喜歡把空間塞滿飾品、小東西和寶物，你可以把收藏品集中在一小塊區域。把一面牆當作主題牆，其他的牆面保持空白；書架上面只放一兩樣裝飾品。把所有瓶罐放在窗台上，而不是到處擺。把展示品圍起來也無妨，毋須擔心這些東西會塞滿你的空間。
- **簡單但怪異**：誰說極簡主義只能是米黃色和無聊？如果你是整潔簡易風格的死忠愛好者，還是可以在家飾中放入一些地精美學中的怪異感。如果你決定一面牆只放一樣東西，何不試試拿蝴蝶標本盒取代海報，或是拿自己用藍莓汁染的衣服取代店裡買來的壁毯呢？你可以用綠色的天鵝絨椅取代角落那張奶油色椅子。找一盞古怪的燈，來取代另一盞二十世紀中的現代風立燈。或是自製一組貝殼吊飾來當房間裡的焦點。不論最適合你的家飾是哪一種，重點是盡情發揮自己怪異、好玩、不尋常的品味。極簡主義不只一種，就像地精不是只有一種。

● **做自己就好**：地精家飾的最終目的是要建立舒適感和安全感。如果你喜愛乾淨整潔的空間，那就擁抱它吧！把亂糟糟的東西變成家飾的一環，或許會讓你更願意展示，但就算你喜歡把東西全收起來，也不代表你成不了地精。整理乾淨，需要時可以隨手拿出來，這依然符合地精準則。世界上有各種不同的地精，每一種都是地精社群很幸運能擁有的夥伴。

試著將這樣的動力加進清掃工作中。如果你一次做十分鐘的效率最好，那就把打掃工作拆成很多個十分鐘。如果你一次只能做一樣工作，然後就會覺得無聊，那就安排一天洗衣服，另一天刷浴室。工作時打開電視、podcast、音樂，或是叫朋友來你家都可能讓過程更有樂趣。找出對你有效且舒服的方法，而不是想著「只用一小時就把整間公寓刷乾淨」，也不要嚴格規定每週一天打掃日。調整工作來適應你，而不是反過來。

超越視覺效果

什麼東西可以讓家更舒適？是有「Instagram價值」，能在社群媒體吸引目光？所謂的舒適應該更有深度、不只是外觀好看？美麗的空間很棒，但也別忽略觸感、氣味和聲音的重要性。理想上，你的空間要能滿足好幾種感官，而不是只有一種。來想想可以在環境中加入什麼視覺以外的元素吧。

觸感

在空間中加入舒服的觸感，可以立即提升整體舒適度。當你有很多特定的感官好惡時，更應該多花點時間想想。試著在公寓裡四處走走，摸摸毯子、床單、地毯和毛巾，問問自己是否喜歡這些東西的觸感，有沒有哪一樣是你討厭的呢？然後記錄自己喜歡或不喜歡的布料。

丟掉不喜歡的東西吧，辦一場地精毯子交換會，或是直接捐給二手商店。保留觸感良好的衣物，並盡可能常常使用。別把你喜愛的小毯子收到床底下，應該讓它時時待在床上或沙發上，唾手可得。

除了手，也可以花一些時間想想身體其他部分喜歡什麼觸感。如果你不喜歡一起床就踩上冰冷的地板，就該在床邊鋪張地毯或在擺一雙拖鞋。如果工作時坐的椅子讓你背痛，試著加上靠枕。如果洗臉毛巾感覺太粗，那就換一條軟一點的。舒適優先，讓自己在家裡覺得更好。

氣味

大多數人對氣味都有很鮮明的立場。有些人喜歡香氛蠟燭，有些人卻會過敏。你必須先和室友討論過，才能開始增加或減少房間內的味道。（沒錯，減少氣味也是一種選擇！如果你想要完全沒有味道的環境也很好，重要的是打造你喜歡的空間。）

如果你喜歡有味道，芳香蠟燭是個選擇，但由於有造成火災的危險，不是每個地方都允許使用。如果你有某些理由不能點蠟燭，仍有許多選擇。附近的雜貨店應該會有各種芳香噴霧或芳香電蚊香等等，甚至自製芳香乾燥花，有很多不需用火的方法可以讓你家香香的。

下一步則是選出自己最愛的氣味。如果你不知道自己喜歡什麼味道，去看看已有的芳香產品，包括空氣芳香劑、蠟燭、香水、除臭劑和肥皂等等，可能就會發現自己偏好花香還是麝香、甜的還是香料類的味道。先找出自己喜歡的香味，才能縮小選擇範圍。

找到理想的氣味之後，花點時間研究它是用什麼原料做成的。舉例來說，香料系的香味通常都會用到煙草和琥珀，而麝香系的香味通常都會用廣藿香當主原料。瞭解你最愛的香味用了什麼原料，能讓你更容易買到需要的芳香產品（尤其如果你是線上購物的話）。

現在你已經多少瞭解自己喜歡什麼樣的氣味了，接下來請想想：你的公寓只能有一種味道嗎？能不能給不同的空間不同的氣味，例如在浴室使用花園式芳香劑、電視旁放一支煙草味的蠟燭、床邊有一束乾燥的薰衣草？你可以試著搭配各種不同氣味，增加層次感，也可以

如果你想走小資路線，記得所有時髦的蠟燭公司（或是自製蠟燭）都會提供遠比一般花香或烘焙食物香味更多的味道，例如泥土味、舊書味、海藻味、柴火煙味等等。如果你最喜歡的氣味不是傳統上的「香」味，去網路上搜一下「（你最喜歡的氣味）蠟燭」通常都找得到。有些大城市還有蠟燭實驗室，可以讓你調出想要的味道。

在不同的季節或節慶營造不同的氣味。嘗試不同氣味還有一個樂趣，就是瞭解這些氣味會帶給你什麼感覺。如果蜂窩的香味能讓你在工作時保持平靜，那就在書桌旁放一支蜂窩蠟燭。如果柑橘味能讓你心情變好，就在起床時點一支。記得確保氣味能幫到你。如果你厭倦某種味道，那就換掉吧！

聲音

通常當我們在想要怎麼裝飾家裡時，不會特別去考慮聲音，但聲音其實佔有舉足輕重的地位。理想的地精巢穴應該有什麼樣的聲音，不想要什麼聲音？如果你受不了一直重覆的聲音，但書桌上卻有時鐘，那你可能很難專心工作。如果你的鬧鐘很難聽，可能每天早上起床時都會心情不好。小小聲的聲音都能大幅左右我們的情緒和工作狀態，居住空間的聲音狀況確實需要好好考慮。

首先，想想比較巨觀的聲音吧。你喜歡有背景聲嗎？隨時都在放音樂或podcast？如果是的話，也許你應該花點錢買一組喇叭、聲響製造裝置或風扇，或是把手機放在杯子裡，以便產生背景聲音。更重要的是，搞清楚什麼樣的聲音可以帶來平靜、幫你專心、讓你比較容易起床。如果你喜歡寂靜無聲，也很棒！先試著在一天中的不同時間聽不同的背景聲，看看哪一種最適合你。記住，答案不太可能只有一種，所以別害怕混搭。

接下來想想生活中比較細微的聲響：吱嘎作響的門、格外大聲的錶、難聽的手機鈴聲等等。這些每天都要聽到好幾次的小噪音可以怎麼改善呢？你或許會提不起勁去做這種瑣碎的事，但修改它們大概只需要一、兩分鐘，若你對聲音很敏感的話，絕對值得。如果可以在工作時播放你最愛的電影主題曲，為什麼要忍受尖銳的計時器噪音呢？

不擅園藝的地精：支援小組

多數地精熱愛大自然與植物，缺乏園藝天分的人或許會覺得難以融入。綠化空間當然很棒，也很符合地精的氣氛，但並非只有自己種一途。如果你的園藝技能差到院子裡滿是被你種死的植物，而且無法改善，那麼或許該想想別的辦法來實現天然的地精夢。以下是幾個建議。

低照顧需求的植物

如果你非常想在家裡種植物，試著先尋找低照顧需求的植物。多肉植物（例如仙人掌、馬拉巴栗和蘆薈等）、空氣鳳梨和虎尾蘭、吊蘭、金錢樹等室內植物，這些都很易於照顧，很難種死掉。如果你買了需要土壤的植物，稍微研究一下應該用哪種土（舉例來說，大多數沙漠植物都比較喜歡沙質的土壤）。把植物留在購買時附的塑膠杯和缺乏有機質的土裡，對它可沒有好處。

幫植物換盆、換成營養豐富的新土很簡單，也可以讓你的植物活更久。如果你買了空氣鳳梨類，就不必擔心土壤了，這點真的很棒！只是要記得澆水。如果你的植物看起來、摸起來都乾乾的，表示該給它水了。如果它看起來很好，而你只是因為太閒就想給植物澆水，那就去找點別的事做！不要因為焦慮或無聊而把植物淹死。雖然這些植物都是照顧需求比較低的品種，但不代表它們不會死。別擔心，隨著你越來越瞭解植物，你也會越來越能掌握什麼時候該給它什麼。植物其實很會表達需求。

仿真植物

對於不管植物有多好照顧，都有辦法把植物種死的地精而言，仿真植物是個很棒的選擇。仿真植物不可能死掉、不會枯萎，也不用擔心澆水、土質或害蟲。多數手工藝店和家用雜貨店都有賣仿真植物。雖然你可能聯想到的是醜塑膠花，但其實仿真植物有很多種，如果你不喜歡花，可以選擇仿真多肉植物，甚至大型的假龜背芋，它們都是好看、很有彈性的家飾品，可以在不增加負擔的狀況下綠化環境。

不一定要用仿真植物當布置焦點，而是當作修飾細節的工具，例如在舊玻

苔蘚牆飾

在替獨一無二的主題牆尋找完美的地精風主展品嗎？苔蘚牆飾就對了。你不太需要花心力照顧就能綠化室內空間，同時展示有趣、擁抱自然的地精感性。苔蘚牆飾很便宜，看起來很美，十分符合地精的理想。

需要的材料

- 一張紙和鉛筆
- 一組相框或一片平的木板
- 永生苔（多數的手工藝和植物的店會有。記得買永生苔〔preserved moss〕，因為活的苔蘚需要養護，還得考慮濕氣）
- 剪刀
- 熱熔膠槍或木工用白膠
- 泡棉板（非必要）
- 木棍、石頭與乾燥花（非必要）

製作方法

1. 在紙上畫出想要的設計，雖然成果可能和你原本的想像不太一樣，但在動手前先想一下還是很有幫助。如果你希望苔蘚牆飾有層次，可以切下幾塊泡棉板黏在相框上，有些苔蘚就會比較凸出。這不是必要程序，但可以增加一些細節。
2. 如果你用的是相框，小心移除玻璃，留下背板和框邊。
3. 把苔蘚剪或撕成你要的形狀，然後擺設。
4. 用膠水固定苔蘚。如果是木工用白膠，先在相框或泡棉板的背面塗薄薄一層。木工用白膠和苔蘚的黏合效果很好，不過可能需要花一整天等它乾。如果你用的是熱熔膠，只要把膠塗在每一塊苔蘚上，再放到相框上即可。
5. 如果你想加入更多細節，可以放入木棍、石頭、乾燥花或任何飾品，同樣用膠水固定。
6. 等膠乾透就完成了。

璃瓶插兩、三朵假花，或是在高層架子上放一排仿真仙人掌。如果東西擺在比較不顯眼的位置，訪客就不太會注意到它們是假的。你也可以善用創意，用仿真葉子、莖和枝條做出有趣的插花，讓看到的人不再把注意力放在它們是假植物上，而是放在你的才華。最能讓假植物看起來像真植物的作法，就是在仿真植物中混入一些容易照顧的真植物了。

自製仿真植物

如果你不是綠手指，又想自己動手做，那就準備好紙、毛氈、厚紙板甚至是混凝紙漿吧。這些東西能讓你做出美麗獨特的植物，而且永遠不必擔心種死。不需要把它做得很像真的，因為自製假植物的樂趣之一，就是做出有綠意又像超酷自製藝術品的作品，為居家環境帶來玩心。

如果你不喜歡做勞作，也可以展示乾燥植物。在牆上掛一串乾玫瑰或是乾大理菊，就能以最省力的方式增添自然韻味。乾燥花很容易製作，只要倒掛一週左右就可以了，你也可以用書把葉子和花壓乾，之後作為飾品。乾燥花能替空間帶來一種巫術般的美感，非常適合地精。

如果你覺得這麼多東西讓你難以招架，可以先從小地方開始，問問自己現在最喜歡房間的哪裡，或是把那幾張你畫的本地植物水彩畫掛起來等等。你不需要一天之內完成改造工程。慢慢來，審慎地逐步改造。把本章提到「家的感覺」的各個元素都考慮進去，從整理到展示收藏，再到營造好的氣味和觸感。當我們在打造一個家時，本來就有很多東西需要考慮。畢竟地精小窩是神聖的地方，它代表你，而你這個人並非一天就長成的。

如果你現在滿腦子都是點子，很棒！花一點時間實行你的想法，補充不足的部分，然後想想住在新設計的空間裡是什麼感覺。你可能馬上就想到一個似乎不錯的主意，例如把一大堆蟻窩觀察盒疊起來，做成一整面蟻窩牆之類的，可是接下來你就開始擔心不知道要去哪裡找那麼多螞蟻、照顧得來嗎，萬一

紙蕨類

如果你想綠化家裡，卻不想把指甲弄得都是土，推薦你用紙做植物，簡單又有趣。做紙蕨類很快，也不用花什麼錢，能帶來美好自然的綠化效果，是很棒的選擇。等你大概學會紙蕨類的作法以後，就可以用完美的紙製植物裝飾整個家了。

需要準備的材料

- 綠色彩帶紙
- 粗鐵絲（大約 2mm 或 14 號）
- 鋼絲鉗
- 剪刀
- 熱熔膠條
- 熱熔膠槍

如果你希望紙蕨類看起來像在生長，就準備一個花盆或花瓶，放幾個泡棉球，然後用永生苔蓋住泡棉球，並將紙蕨類末端的鐵絲穿過永生苔，插入泡棉球。這樣就能可愛又自然地展示你的蕨類了！

製作方法

1. 剪一段二十到二十五公分的紙彩帶，然後對折。
2. 用鋼絲鉗剪一段比對折後的紙彩帶長大約五公分的鐵絲。
3. 從紙的底端剪一個到頂端的弧（不要剪到對折那邊），讓紙攤開後會往兩端漸縮到一個點（有點像剪愛心形狀的底部）。
4. 紙彩帶保持對折，從外側朝對折側剪出許多切口。每個切口應該間隔約六公釐，但如果你想要寬一點的葉子，也可以更寬。記得在對折端留至少三公釐不要剪。
5. 將每個切口的邊緣修圓，讓它看起來更自然。
6. 再剪一段紙彩帶，長度與鐵絲相同，然後在一半的地方剪成兩半，塗滿熱熔膠。把彩帶纏到鐵絲上，使其完全包覆。
7. 攤開第一條紙彩帶，在葉子中間折痕的地方塗熱熔膠，把鐵絲放到膠上。
8. 調整葉子和鐵絲的角度，讓外觀好看一點就可以了！

哪天螞蟻全都跑出來佔領你家怎麼辦等等。有些主意比較適合當別的主意的靈感。理想的住所應該是對真正的你而言很完美的地方，而不是只適合身為愛蟻人士的你的一個想法。

不論你決定如何布置你家，記得都要三思而行。永遠把舒服、安全、受到歡迎等特質放在心上。你不見得要大量採用大地色系和菇，而是要讓整個空間就像獨一無二的你的延伸。不論空間大小，只要謹慎思考，忠實面對自己，便能打造出完美舒適的地精小窩。

V

青蛙與蟾蜍都是朋友

向怪怪的小動物學習

大家都很喜歡狗狗和貓咪，以及兔子、倉鼠和其他毛絨絨的可愛小傢伙，牠們通常樂於陪伴我們。沒有人會說狗狗、貓咪和其他可愛動物不好。可是呢，你有沒有想過那些有鱗片、黏黏的，或是長有外骨骼的生物可能也會是我們的好朋友呢？為什麼只有毛絨絨的動物才能得到喜愛？

如果你常常覺得自己是生在哺乳類世界的蜥蜴，我得說你並不孤單。不是每個人都能、甚至都想成為黃金獵犬（也就是快樂、忠誠、貼心的人）或是貓咪（也就是獨立、神祕、叛逆的人）。有些人比較像青蛙（冷靜、有彈性）、烏龜（深謀遠慮、善良）或是寄居蟹（焦慮的小傢伙）。

地精必須學著擁抱怪異、預料之外的東西，包括自然界和自己。毛絨絨的動物惹人憐愛，但花時間瞭解、欣賞那些滿身黏液的動物，才是地精人生的核心。接受這些動物，有助於你接受自己身上那些你不喜歡的部分。我們能從蜥蜴、蛇或毒蛙身上學到什麼呢？學習愛上非主流動物，可以怎麼幫助我們愛上自己的怪異之處？

就像巫婆身邊會跟著使魔，地精身邊也會有滿是黏液與鱗片的朋友，指引我們前往「怪得美妙」的地方。這些黏黏的動物能讓我們更有自信、在乎別人並接受自己，以及在又大又軟黏潮濕的世界替自己打造容身之處。

尋找榜樣

如果你喜歡的話，星座也是個好東西，但在地精的人生中，沒有什麼比奇怪的小動物更能指點人生方向了。星星很遠，但蝸牛、蛇和寄居蟹就在腳邊，可以教會你許多和自己有關的道理。你的太陽動物是蜥蜴，上升動物是烏龜嗎，還是你比較親近月亮動物美西螈？繼續看下去，找找看哪一種黏液、鱗片或有殼動物是你覺得最像自己的，並利用這點來想想你怎麼看待自己、喜歡什麼東西吧。

青蛙

如果你是青蛙型地精，那你脾氣應該很好。真正的青蛙很冷靜，不會被身邊發生的事打擾。牠們喜歡待在自己的地方，做自己的事。如果你是青蛙型地精，你大概是那種需要別人多次說明朋友群組裡發生了什麼八卦的人，但如果有人需要找人傾訴煩惱，你總是準備好接受挑戰。青蛙型地精隨遇而安，參與群體和獨自一人都很快樂。

- **喜歡**：放鬆，晚上開車出去，輕鬆的電玩遊戲，酥脆的零食，聽八卦。
- **不喜歡**：被牽扯成八卦的當事人，噪音，肚子餓。
- **興趣**：收藏保濕產品，編輯特定歌單，烹煮簡單但非常好吃的食物。

烏龜

烏龜型地精很有想法，在乎他人，樂於和朋友相處。雖然有時會退回殼裡而顯得內向，但其實只是需要時間想想發生什麼事而已。如果你是烏龜型地精，可能常常需要一段自己的時間。但這樣也沒關係，留一段空檔想想接下來該做什麼，正是烏龜之所以能成為別人的好朋友。

- **喜歡**：降噪耳機，得到關愛，新鮮水果，ASMR 聲音產品，花俏的護唇膏，便宜但很有想法的禮物。
- **不喜歡**：被忽視，買雜貨，快速做決定。
- **興趣**：重複觀賞喜歡的電視節目，手工藝，還有就是每兩個禮拜就一頭栽入某個新興趣，這本身算不算一種興趣？

蝸牛

蝸牛非常居家，但不要因此就覺得牠們缺乏好奇心。這些小傢伙之所以這麼濕潤，就是因為牠們非常懂得照顧自己。牠們會自己生產護膚產品（是的，蝸牛的黏液是真的護膚產品）！蝸牛非常喜歡待在家裡，因為牠們的家舒服又有安全感。然而牠們也喜歡瞭解世界，只要牠們覺得安全，也很樂於探險。雖然蝸牛型地精熱愛家，但他們也知道：走到哪裡，哪裡就是家。

- **喜歡**：柔軟的枕頭，獨特的耳環，整齊的書架，水晶，圓形馬克杯。
- **不喜歡**：性別問題，螢光燈，無聊。
- **興趣**：護膚，上網看豪宅，舉辦晚餐聚會。

蜥蜴

雖然號稱冷血動物，其實蜥蜴意外地外向。這類地精不論在家還是出外曬太陽都很快樂，只要有朋友陪伴就好。如果你是蜥蜴型地精，表示你樂於參與，不論是好事還是壞事，並且常常會站在房間的中心而不是角落。你希望盡可能成為主角，但你也知道沒有爬蟲類是一座孤島，很樂於支援朋友。

- **喜歡**：收到簡訊，迪斯可燈球，派對，吸睛單品，八卦。
- **不喜歡**：孤獨一人，無聊的咖啡點單，塞車。
- **興趣**：邀請朋友來玩，拍攝永遠不會上傳的化妝教學影片，收集。

美西螈（Axolotl）

你好啊，美麗的怪胎。美西螈是世上最怪的小動物之一。你的美西螈型地精朋友總是會鼓勵你去走別人不走的路，或是嘗試你從沒想過的興趣。（你猜結果如何？你還滿擅長那種興趣的，謝謝美西螈！）這種蠑螈以自己的規矩過日子，不太在乎同儕壓力或社會眼光。話雖如此，這種地精通常比外表看來的更沒安全感，有時候他們之所以用自己的方法做事，不是出於叛逆，而是因為他們只知道這樣做。美西螈需要能為他們意外的時尚選擇提供信心的朋友，也需要朋友支持他們非傳統的生活風格，他們在必要時也會提供別人支持。

- **喜歡**：粗體字，手作品，霓虹燈，立體書，有趣的小知識。
- **不喜歡**：資本主義，冗長的電影，照著食譜做菜。
- **興趣**：坐姿怪異，收集獨立出版品，尋找新嗜好。

寄居蟹

寄居蟹可說是小動物的代名詞。牠們可愛、奇特，用一種又怪又有魅力的方式到處爬。寄居蟹型地精既可愛又焦慮，既開心又緊張。他們總是想太多，而這點常常讓他們憂鬱。寄居蟹型的地精需要朋友提醒他們不是每件事都有深意，必要時提供宣洩的地方。幸好寄居蟹型地精都很友善，很容易交到朋友。

- **喜歡**：舒服的沙發，茶會，衛生紙盒，重覆使用的水瓶，甜食。
- **不喜歡**：早起，覺得被催促，倒垃圾。

● **興趣**：寫信給朋友，閱讀羅曼史小說，塞滿冰箱。

蛇

蛇型地精總是保持機動。他們努力又專注，辛勤工作時最快樂。要說服蛇型地精放輕鬆可能不太容易，但只要他們決定要這麼做，就會付出同樣的努力讓自己慢下來。蛇型地精喜歡擁有少數密友，能提醒自己什麼時候該休息，他們會對這樣的朋友報以大量的關心與忠誠，使大家都過得更開心。

● **喜歡**：排滿行程的行事曆，花俏的筆，抗焦慮藥物，找出簡單的方法來完成複雜的工作。

● **不喜歡**：髒亂的工作場所，不回訊息的朋友，看完不喜歡的書。

● **興趣**：在桌遊裡當主持者，囤積散裝茶，清空收件匣。

一些有趣的青蛙

如果你打開這本書是為了找到一些獨特的兩棲類，你的願望就要實現啦。有些人看到青蛙就會被凸出的眼睛、黏黏的皮膚、奇怪的舌頭或其他讓人不安的怪異身體特徵給嚇跑，但地精知道青蛙超酷的。從豐富的體色外觀到跳躍能力，再到奇怪的叫聲，青蛙真的非常有趣，值得擁有全部的關愛。

所有青蛙都很棒，要選出最酷的幾種來描寫並不容易。希望你能在以下列表中找到你最喜歡的，如果沒有，就當作牠們只是未入圍佳作級的青蛙吧。事實上，所有青蛙都值得列在「最酷青蛙」名單上，理由很簡單，因為所有的青蛙都很酷。現在我們把這點講清楚了，來看看各種青蛙吧。

- **壯髮蛙：**這種青蛙在英文中又叫「恐怖蛙」（horror frog）是有原因的。牠們的外觀真的太嚇人了。看著這種青蛙簡直就像是ASMR（自發性知覺經絡反應，又稱顱內高潮）的相反詞。有些生物真的就是不該長毛啊！雖然那也不是真的毛髮就是了。公壯髮蛙身上像毛髮一樣的東西其實類似魚鰓，使公蛙可以長時間待在水下看著卵。所以別擔心：如果你覺得那些毛很噁心，你一定會很高興聽到那其實是組織與動脈的集合體，功能就像長在外面的鰓一樣。仔細想想這樣好像更可怕。

- **箭毒蛙**：每個曾經對兩棲類有興趣的小孩都知道牠們，可說是青蛙世界最亮眼的族群。牠們很小、很可愛、很美，並且身懷劇毒。這種可愛又狠毒的動物就是有一種獨特的魅力。這類青蛙的皮膚會分泌毒液，僅僅只是摸到就可能會有問題了。黃金箭毒蛙甚至還被認為是世界上最毒的動物之一。箭毒蛙證明了一個地精常識：體積小也能有強大的力量。
- **飛蛙**：如果你覺得會跳的青蛙很酷，來看看會飛的青蛙吧。好啦，精確來說牠們是滑翔，不會真的飛，但反正還是很厲害。飛蛙的趾間有蹼、四肢之間還有額外的皮膚，因此可以在樹木之間滑翔，然後降落到地面上。這種青蛙可以滑翔達十五公尺，考慮到牠們的身長才大約七公分，這真的很了不起。這種青蛙是夢想家，不滿足於走路或跳躍，因此發展出滑翔能力。真是厲害。

- **葉蛙**：顧名思義，馬來亞葉蛙長得像葉子，喜歡躲在雨林底層的葉子下。牠們的頭上有兩個像角一樣的突起，使這種青蛙成了時髦的象徵。在青蛙家族裡，有什麼比樹葉風穿搭加上頭上長角更美的呢？葉蛙非常懂得怎麼搭配環境穿衣服。
- **小小隻很可愛又吱吱叫的青蛙**：好，這種青蛙其實叫沙漠雨蛙（desert rain frog），很小、很可愛又很愛叫，所以這個名稱也不算錯。這些小傢伙會發出啾啾叫玩具般的聲音，主要用意是嚇阻對手。沙漠雨蛙又圓又完美，但即使以青蛙的標準來說，牠們也有點怪。牠們住在沙漠的洞穴裡，不是水邊。牠們的體型太圓，跳不起來，因此只會用走的。地精們應該會對這種可愛、完美又有點怪的青蛙很有共鳴。

黏黏滑滑的名人

雖然主流社會絕不會承認，但我們的文化似乎對兩棲爬蟲頗感興趣。從大青蛙克明到忍者龜，這些小傢伙常常出現在我們的媒體上，當然，牠們能有正面的曝光機會是好事。我們對這些黏滑或有鱗片的怪胎情有獨鍾。這些動物或許有點怪、有點黏，甚至有毒，但牠們都是很棒的生物，對我們的生態系也非常重要。地精可以從這些動物身上學到很多，我們來看看虛構作品中的爬蟲類與兩棲類，以及牠們能教我們什麼吧。

- **青蛙與蟾蜍**（Frog and Toad）：這兩個故事中的可愛角色都有許多地方值得地精學習，包括：為什麼要吃很多餅乾、如何寫信給朋友，以及欣賞美好一天背後的美學。最重要的一課當然還是怎麼去愛身邊的人或兩棲類。故事裡的青蛙和蟾蜍總是想著彼此，考慮自己和對方的需求，相聚

青蛙零錢包

如果你正在想辦法把你的地精使魔時時帶在身邊，可以試著做一個青蛙零錢包。這種手工藝品不只能讓你展示自己最喜歡的兩棲類，還能存放每天找到的小型寶物，包括石頭、葉子、電影票、便條紙，當然還有零錢。這種可以隨身攜帶的迷你地精倉庫非常容易製作，也不用花什麼錢。

需要準備的材料

- 一個正方形或接近正方形的信封
- 毛氈或碎布（最好是綠色或其他青蛙的顏色）
- 麥克筆　・剪刀　・熱熔膠槍
- 點狀附背膠魔鬼氈　・黏貼式動態眼睛

製作方法

1. 把信封完全打開，變成一張扁平的紙。
2. 把打開的信封放在布料上，用麥克筆畫出輪廓，然後剪裁。你應該會剪出類似菱形、有一角切掉的形狀。
3. 把布料翻面，使底面朝上，被切掉的角落朝向自己。把左右兩邊的角落往彼此的方向折進來，在角的頂點相遇的地方用熱熔膠固定兩個頂點。不要把頂點黏到布料底面。
4. 把底部的那個角塗上熱熔膠，然後翻上來黏到折進來的兩個角上（重新建立原本那個信封的外型）。
5. 上面角落貼一個魔鬼氈，另一個則貼在被切掉的角落，貼在所有角落重疊處。
6. 該來裝飾一下了！把動態眼睛黏到零錢包的上方，讓它看起來像青蛙的臉。你可以發揮創意，加入毛氈做的舌頭，或是貼亮片。
7. 完成了！以後你就可以把出外冒險時找到的寶物都餵給這隻青蛙朋友了。

時總是表現出對彼此的在乎。

- **拼拼湊湊的變色龍**（The Mixed-up Chameleon）：艾瑞克・卡爾（Eric Carle）經典童書中的英雄，是一隻無聊的變色龍，看到動物園裡各種驚人的動物，就想試試不一樣的特徵。我們很鼓勵無聊時嘗試新東西，但多數人都沒辦法真的把身體的一部分變成完全不同的形狀，此時可以改用比較深的眼影來打扮成哥德風，或是學炒青菜以便吃素，或是打扮成來自一九六零年代的時空旅人來嚇唬老人家。拼拼湊湊的變色龍鼓勵你都試試看，因為有時候就是要試過才會知道什麼東西行不通。沒錯，這個故事要講的是「做自己最好」，可是變色龍要怎麼瞭解自己的呢？牠是透過嘗試新東西才瞭解自己的。去吧，染頭髮、騎機車、只穿牛仔靴。如果你不嘗試，怎麼知道自己適合什麼？
- **大青蛙克明**（Kermit）：他應該是流行文化裡最知名的兩棲類了吧。克明是布偶戲系列（Muppets）裡的綠色主角，手長腳長有著大眼睛。他喜歡彈斑鳩琴與排解糾紛，最大的成就是讓佩姬小姐愛上他。克明惹人喜愛、有趣、理智，也是很有才華的作曲家。克明最值得學習的一點就是領導者不見得要有侵略性與壓迫感。他的領導風格是傾聽，必要時會道歉，盡力對朋友和同事好，也重視他們的想法。

● **忍者龜**：里奧納多、拉斐爾、多納泰洛和米開朗基羅原本只是四隻普通的小烏龜，但後來他們不慎曝露在有毒廢棄物中，突變成了打擊犯罪的超級英雄（同時也長成了青少年）。忍者龜住在紐約市的下水道中，素以高超的忍術、愛吃披薩和極端的用字遣詞聞名。雖然忍者龜總是忙著拯救紐約，他們仍保持積極快樂的心態。不論許瑞德想稱霸世界多少次，忍者龜不但會阻止他，過程中還不忘享受一些樂趣，事後再一起吃披薩，不至於像許多人會因壓力過大而崩潰。我們都能學習忍者龜的冷靜。有時狀況看起來很嚇人，但實際開始處理之後其實沒什麼。或許我們都應該試著不要那麼嚴肅地看待事情，或許就會覺得自己稍微厲害一點點了。

●**龍克斯**：這位來自《集合啦！動物森友會》的龐克昆蟲迷，是大家的虛構島嶼最歡迎的訪客之一。他喜歡給各種昆蟲寫詩，而且在想到皇蛾有多美時，總是會想到發呆。他也是很有才華的藝術家，喜歡替你賣給他的昆蟲和蜘蛛做複製品。（另外他一定和室友兼夥伴兼釣魚愛好者的水狸CJ有一腿，對吧？對啦。）只要玩過《動物森友會》，都知道龍克斯對自然世界的熱愛，讓大家既親近又崇敬這個角色。如果我們都能像龍克斯一樣，處處為身邊世界的美而分心，那該有多棒？如果我們都好好花時間觀察大自然最小、最不被重視的部分，會如何？龍克斯提醒我們應該保持讚嘆世界之美的能力（尤其是和昆蟲有關的部分）。

●**拉夫蘭蛙**（Loveland Frog）：傳說生物算流行文化嗎？在這份清單上姑且算是吧。遙傳生活在美國俄亥俄州、身高約一百二十公分、像人一樣以後腳行走的生物。很酷吧？其實牠就是一隻和小孩子差不多大的青蛙，在俄亥俄州的河川間徘徊，把附近的青少年嚇得要死、警察也大惑不解。地精有很多事可以向這隻傳說兩棲生物學習，例如怎麼嚇壞社區民眾、怎麼惹毛警察，以及如何成為俄亥俄州的指標人物。但或許拉夫蘭蛙最值得我們學習的一點，就是不論你有多怪，總是有人在找像你這樣的人。就像辛辛那提的人熱愛拉夫蘭蛙一樣，世界上一定有人愛著這樣的你。

照顧、飼養動物的方法

如果你發現自己不但喜歡某種有鱗片或黏滑的朋友，甚至想要養一隻來當寵物，以下是一些如何讓你的地精寵物活得快樂的資訊。

本節並不是飼養爬蟲類與兩棲類的詳盡指南，但可以當作起點，讓你開始想像在房間裡養一隻小小黏黏的使魔是什麼感覺。你有照顧好這隻寵物的基本

蟲蟲夥伴

如果你想要奇特的寵物，卻對普通的青蛙、蜥蜴和蛇沒興趣，那你有沒有考慮過……養蟲呢？蟲的好處在於不佔空間，照顧起來通常也沒有兩棲爬蟲類麻煩。有些蟲子比較難養，但先假設你是從簡單的蟲子開始吧，基本上只需要你的關愛就能活下去的那種。昆蟲、蜘蛛等各種令人毛骨悚然的爬行動物，都是喜歡外骨骼使魔的地精優質的選擇。以下是幾種適合新手的蟲子。

- **螳螂**：少有昆蟲比螳螂更酷了。綠色的身體、大眼睛、彎成奇怪角度的手臂和藏起來的翅膀，是非常美麗的寵物。另外，牠們只需要一個頂部是網子的小魚缸，裡面鋪一層土，然後再放一些植物和樹枝就能住了。但牠們是肉食昆蟲，所以同一個魚缸裡最好不要養超過一隻。只要好好照顧，讓螳螂過得開心，你基本上就相當於有一隻小小外星人室友啦。

● **竹節蟲**：另一種迷人而不太需要照顧的昆蟲寵物就是竹節蟲。牠們的棲息地需求和螳螂一樣，食草很容易取得。想像一下養一隻會動的樹枝當寵物，有什麼比這更有地精之心的呢？

● **蟋蟀**：這種會演奏音樂的昆蟲是很棒的寵物，只要你喜歡牠們的叫聲就好。牠們的棲息地需求和前兩種昆蟲一樣，主要是葉菜根莖水果。養這樣的寵物能讓你每天都能聽著讓人放鬆的蟋蟀叫聲入睡。

裝備嗎？你知道缺少的裝備要去哪裡找嗎？你有充足的時間、空間和精神，能照顧一隻會活好幾年的動物嗎？這些都是你應該考慮的問題（把動物帶回家之前務必多做研究，甚至最好和養過同種寵物的人談過）。

或許你一開始對蜥蜴有興趣，最後卻發現比較適合養寄居蟹，那也沒關係。認真思考自己能照顧哪一種寵物是很棒的事，牠們雖然比貓狗獨特，一樣需要飼主花心力照顧。如果你因為任何原因而無法滿足動物的基本需求，這樣的寵物就不適合你。請將本節內容當作入門指南，瞭解自己適合養什麼動物，或是收集青蛙的填充玩具就好。

青蛙

壽命：依物種而定，介於三到十五年之間。

棲地：有些青蛙是完全水生，有些是陸棲，還有一些住在樹上，你必須依你想養的物種去考慮牠們的需求。以下是一些大原則：

● **水生青蛙**：需要真的水族箱，一般的飼養箱不行。務必確保你家放得下至少四十升的水族箱，乾淨不含氯的水，能控制水溫在適合青蛙的溫度（通常是攝氏二十五度以上）。

● **陸棲青蛙**：多數需要至少四十升的飼養箱，但深度不必像水生青蛙用的水族箱那麼深。飼養箱裡需要至少一處水坑讓青蛙泡水、一個日光浴燈或加熱台，以及一組噴霧瓶，確保飼養環境的溫濕度正確。飼養箱記得蓋好，不然青蛙會跳出來。

● **樹蛙**：樹蛙需要特殊的飼養箱，至少五十五升，高度必須足以放植物，有樹枝和藤蔓讓樹蛙躲藏。同樣需要日光浴燈或加熱台和噴霧瓶，以便確保內部的溫濕度正常，也需要有水坑讓青蛙泡水。

飲食：大多數青蛙在野生環境下都會吃昆蟲，但在飼養環境下要找到這麼多昆蟲以維持營養均衡並不容易。因此不論你拿什麼餵青蛙，都要加入營養補充品，以確保你的青蛙能得到維持健康所需的所有營養。另外也要注意份量，因為青蛙和很多動物一樣，有得吃就一直吃，吃到生病。

健康：別想著要抱青蛙，因為牠們並不喜歡被抓著。你手上的油、肥皂、乳液等等對青蛙的皮膚不好，而且有些青蛙身上有沙門氏菌。如果你要抓青蛙，最好戴乳膠手套，事後記得洗手。

其他：很多青蛙都能在飼養環境下過得很好，記得在前往寵物店或救援中心前先做好功課。

蜥蜴

壽命：五到五十年（真的）。

棲地：蜥蜴有很多種，各自有棲地需求，務必在為牠們打造一個家之前先徹底研究過。蜥蜴基本上都需要加熱燈與全光譜燈，才能維持健康的體溫。大多數陸棲蜥蜴都需要冷血動物專用的飼養箱，也需要樹枝、沙子、樹皮、泥炭蘚或其他環境元素來建造近似其天然棲地的環境，提供牠們躲藏和攀爬的地方。不同種的蜥蜴體型也不同，記得考慮平均成年體型，務必確保飼養箱內空間足夠。

飲食：不同種的蜥蜴有不同的飲食需求。有些蜥蜴吃市售的蜥蜴飼料就可以了，有些需要活獵物。有些蜥蜴可以吃少量的蔬果，有些則必須以螞蟻為主食。和青蛙一樣，你可能會需要在食物中加入特定維他命和礦物質，才能保持蜥蜴的健康。務必確保你可以照顧牠們的飲食需求。

健康：確保蜥蜴的飼養箱乾淨、溫暖、安全，有充足的活動空間。很多看似不嚴重的事情，都可能造成蜥蜴生病。舉例來說，如果飼養箱的濕度不對，蜥蜴蛻皮可能會有問題；如果攝取的鈣不夠，則可能會有骨頭方面的疾病。

其他：如果你想在同一個飼養箱裡放超過一隻蜥蜴，請一定要先研究過哪些蜥蜴可以和別的蜥蜴同居，哪些則必須獨居。也要注意同居的蜥蜴可能會面臨較高的傳染病風險。

寄居蟹

壽命：在妥善照顧下可以活十年以上。

棲地：寄居蟹是群居動物，一次至少要養兩隻以上。每兩隻寄居蟹需要至少四十升的飼養箱，底部鋪滿至少七公分厚的沙或混有椰絲的沙。寄居蟹很喜歡挖洞！牠們需要兩處水坑，一個是淡水，一個是鹹水，深度要足以讓寄居蟹泡水，但不至於淹死。飼養環境保持溫暖潮濕，用日光浴燈把環境溫度維持在攝氏二十一到二十七度之間，每天都要用不含氯的水幫寄居蟹噴水霧。一定要記得噴水霧，不然寄居蟹會窒息！最後，要準備寄居蟹可以躲起來和攀爬的地方，例如漂流木、空心樹枝、塑膠植物、洞穴和貝殼等等。

飲食：寄居蟹是雜食動物，最好給牠們吃比較多元的東西。寵物店可以買到飼料，但你也可以用高麗菜、菠菜、木瓜、芒果、海帶、胡蘿蔔和堅果來補充營養。最好也能加入鈣質補充品，以強化牠們的殼和外骨骼。

健康：寄居蟹會定期蛻殼。此時牠們會把自己埋在沙裡，你別去打擾。如果能有第二個飼養箱，在有寄居蟹蛻殼時把其他寄居蟹移到第二個飼養箱會更好，這樣牠們才不會干擾。蛻殼完成後，寄居蟹可能會搶蛻下來的殼，這是用兩個飼養箱的另一個好理由。記得同樣要確保蛻殼中的寄居蟹保持濕潤，如此這個過程會比較容易。

其他：你的寄居蟹沒多久就會需要換一個新的、更大的殼來住。蛻殼後請記得準備大一點的新貝殼。

和動物互動

如果你看完後覺得「哇，看來我沒準備好要養這些動物」，這樣很棒！對自己誠實非常重要，尤其事涉照顧一個生物的能力。然而沒辦法養寵物青蛙，並不代表你就不能親近兩棲朋友。地精之心的重點在於讚揚怪異、狂野的動物，方式有很多，並不一定要馴養。你的地精使魔不見得要實際存在，也可以單純存於心中。以下是不實際將動物帶進家門，也能讓生活中有牠的一些方法。

填充玩具：聽起來像是明顯的解決辦法。填充玩具非常多，風格各有不同，但全都很酷，你應該可以找到適合自己的。更何況很多適合地精的動物在現實世界中並不適合擁抱。如果你想抱一隻青蛙，玩偶版抱起來一定比真青蛙舒服（世界上的青蛙也會對於你沒有試著去抱牠們而感謝你）。想要的話，你甚至可以自己做青蛙玩偶呢！填充玩具是不實際接近卻能感覺親近動物的好方法。

配件：如果你喜歡穿戴配件，可以用包包、髮夾、美甲、首飾等物來展示你對牠們的熱愛。不論你喜歡簡單風還是奢華風，總是能找到適合的動物配件。如果你喜歡蛇，就穿印有蛇的圖案的襪子、用很酷的黏土蛇做成耳環，或是在指甲上畫蛇，把你的愛展示給全世界看。利用打扮來展示自己熱愛的事物並沒有錯，而每天把喜愛的動物穿在身上可能會讓你感覺更舒服、更有自信。擁抱怪異配件的力量吧！

藝術品：可以把你最喜歡的動物做成藝術品來散播熱愛！不論你喜歡畫畫、刺繡、用混凝紙漿做模型、木雕還是單純在閒暇時塗鴉，以熱愛的東西為主題創作，能讓你和這個東西更親近。你可以花時間想著烏龜，然後以烏龜對你的意義為主題創作（整個作品都和烏龜有關）。這樣的方法也很適合與全世界分享你的熱愛。如果你畫烏龜膩了，也可以辦一場美術之夜，挑戰朋友畫烏龜，或鼓勵他們畫出最喜歡的動物。藝術是建立社群、分享才華的大好管道。

家飾品：和穿在身上的配件一樣，家飾也很適合拿來當作提醒自己熱愛事物的平台。不論你要自製、購買或從舊貨店找，在家裡放滿你最喜歡的地精動物可以迅速讓你的空間更有家的味道。你可以貼蜥蜴的海報、找有青蛙圖案的枕頭、換上有可愛螃蟹圖案的床罩，甚至做一面以蛇為主角的主題牆。朋友來你家參加動物美術之夜時，你可以請每個人做一件以自己最愛動物為主題的飾品，讓你展示。這樣一來，你的家飾品就同時代表你和地精朋友們各自最愛的地精動物了。把興趣加進居住空間有很多方法，就算不能養寵物，還是可以讓自己的小窩充滿對這種動物的愛。

刺青：把你最喜歡的動物刺在身上當然是一種宣示，但依你是哪一種地精而定，或許你已經準備好要做這種宣示了。有什麼方法比刺一隻兩棲動物在身上更能展示你對牠們的熱愛呢？刺青能展示熱情，也會讓你與那種動物更有親密感。你還可以加上一些特徵，例如刺一隻開船的青蛙、戴著花俏帽子的蝸牛，或是龜殼上插了一束花的烏龜。你的刺青可以表現出動物的不同特色，取決於你和刺青師的創意。

外出：與世界產生連結最傳統的方法之所以會成為經典，是有理由的。不論你是想在家附近散步、森林裡健行，還是去博物館或圖書館，有許多方法可以讓你去觀察與學習，並與動物產生連結。去附近的小溪找蝌蚪，你不必在家養青蛙也能親近牠們。去圖書館研究蛇和烏龜，就算你還沒準備好在家養一隻，也能更瞭解牠們。你不必擁有動物也能親近動物，仔細想想，這種強調擁有的作法本身就很資本主義。從遠處欣賞在自然棲地內生活的動物，這樣親近動物的程度並不遜於養在房間裡。觀察自然界中的動物，也能看到許多豢養環境下看不到的東西。不見得要把熱愛的東西時時帶在身邊。

我們的身邊到處都是動物，不論是在人行道上爬、躲在石頭底下，還是在泥土地裡打盹。我們不見得每次都會注意到，但牠們一直都在。當我們發現這些小動物有多常見時，也就可以瞭解到，牠們早已是生活中很重要的部分。或許你的院子裡住了一家子青蛙，每天晚上都會唱歌，或者你花了一整個下午，看一隻蝸牛慢慢爬過整座人行道。這些聽起來或許都很微小，但證明了我們的生活與身邊的生物有多息息相關。如果有一天你聽不到青蛙的聲音了，還會有夜晚的感覺嗎？如果蝸牛不見了，你的午後時光會不會很無聊？

我們越是注意常常被忽略的動物，就越容易從牠們身上學到東西。開始在經過池塘時注意烏龜吧，下次去海邊玩的時候找一下寄居蟹。放慢腳步，留心觀察之前沒有注意到的細節。保持好奇心，你從這些怪異生物身上學到的一定會大幅超過原本的認知。

你越是留意，越能發現每隻動物的性格和癖好。兩隻蜥蜴爬同一棵樹的路線一定不一樣、兩隻蝸牛吃高麗菜的速度也不會完全相同。差異或許不明顯，但只要你注意觀察，就一定會發現。當你看到的差異越多，就越能把每一隻動物當作獨立的個體去欣賞。你上個禮拜在潮池看到的那隻寄居蟹，一定和你之後看到的每一隻都有點不一樣，你永遠不會再找到一模一樣的另一隻。我們生活在充滿怪異、黏滑、硬殼冷血動物的世界上，就等於是生活在一個充滿怪異、黏滑、硬殼冷血奇蹟的世界。不是每個人都能瞭解這點，但地精的自豪之處，就在於我們知道生活中處處都有蝸牛這樣的動物。

VI

地精市集

魔藥與點心

你在尋找一種美妙而又適合地精的方法，來親近大自然並瞭解周遭環境嗎？採集吧！在野地尋找食物，研究一下附近山上有沒有野菜，而不是直接到店裡購買。這個方法很適合用來探索所在地的植物生態，並進一步瞭解生態系。當你開始注意哪種花正在盛開，何處會長藥草時，你就能開始發覺大自然的運作模式，原本似乎很神祕的東西也都變得更清楚了。

不論你生活在鄉下還是城裡，總是會有辦法把採集融入生活。跑一趟森林去找有用的植物，或是自己種，都可以。採集非常適合地精式生活，因為它融合了好幾種不同的地精特性。接觸大自然，進一步瞭解大自然，免費又容易，是一種能把手弄髒的好玩活動。採集還能讓你更自給自足，同時又是收集與分享。採集基本上就是摘一片葉子放進口袋，那片葉子可以是蘿勒、百里香、玫瑰果或薰衣草，然後再放進家裡的食物櫃。

你可能沒辦法在公寓裡種出所有的食物，但可以搭配購買的食材。不僅節省支出，還能讓你比較不容易吃到商業作物常見的殺蟲劑或農藥。此外，你也比較不會用到包裝材料，製造垃圾。最後，你可能會覺得自己種的食物比較好吃。再次強調，沒有人要求你在後院蓋一座農場，但即使只有少量種植或採集，也能帶來相當大的改變。

說到採集最大的好處，一定是地精與環境建立的關係了。如果你住在都市，甚至只是郊區，都很容易漸漸和大自然失去親切感。採集能提醒你，親近自然其實比想像中容易。把香草和可食用植物引進你的空間，嘗試瞭解植物，然後用來做菜，很能修復你與大自然的關係。隨著採集經驗累積，你更能瞭解環境，瞭解生態平衡，你明白自己是自然界的一員，關係也就更緊密。

如何在森林與綠地採集

如果你住在森林或綠地附近，想要把握大好機會採集，那很棒！你只需要少許準備和規劃就可以開始。提前準備，出發時才知道該找什麼。另外，你也不希望摘了一千朵蒲公英，回家才發現五朵就夠了。記得留一些蒲公英給其他需要的人、動物和昆蟲。不要浪費，採需要的量就好。出發前要有計畫，才能以最適合你和環境的方式採集。以下是幾種快速上手的好方法。

- **找出可以吃的植物**。上網、去圖書館查，或是拜訪附近的植物園或溫室，以便找出可食用的植物。植物園或其他對植物友善的空間，甚至可能有提供課程教你如何採集。
- **帶一本指南**。採集時，準備一本附近有什麼植物可以吃的指南會非常有幫助，因為很多花、漿果和植物長得很像。如果可以的話，甚至應該找一位專家，在你前幾次嘗試時從旁指導。務必小心區分有毒和無毒的植物，特別是長得很像時！
- **穿著適當的服裝**。你可能想打扮成文藝復興時代的盜賊出外採集，但若能穿著舒服的鞋和適合動來動去的服裝，你的體驗應該會好很多。畢竟你不會希望自製刀鞘上面沾到泥巴。請穿著不會限制關節活動又能保護身體的服裝。

● **瞭解該避開什麼**。查好森林裡有什麼危險，包括蝨子、蛇、鹿、蚊子，甚至是有刺或其他會傷害身體的植物。多花點時間研究，直到你能一眼認出這些危險為止。務必做好任何防護措施，例如穿著長袖長褲、進入森林時大聲嚇走鹿或其他動物等等。

● **攜帶恰當的工具**。採集時，你會用到許多專門的工具。舉例來說，你可以帶漿果採摘器，這是一種金屬爪，可以耙過灌木，取出裡面的莓果。如果這些工具能讓你的工作變容易，那就來者不拒吧！不過通常你需要的只有植物圖鑑、裝採集物的容器，還有適合的服裝。容器可以考慮籃子、舊塑膠袋、便當盒或碗，或是任何你不介意弄髒並用手拿著一段時間的東西。

● **遠離菇類**。本書不會教你如何採集菇，也不鼓勵你這麼做。風險太大了！就算你手上有一本很優秀的菇類指南，還是有很多難以辨識的有毒種類。如果你不是菇類達人，建議你自己種，而不要去外面採。你可以挑一根外觀很酷的圓木，然後在廚房種，還可以順便充當家飾。如果你堅持要採菇，請把找到的成果送去附近的植物園或詢問其他專家。請別人再看一眼沒有壞處，尤其當你還是業餘而這個別人是專家的時候。簡單來說：除非你是真菌專家，不然不要摘野生菇類，自己種吧！（如果你是真菌專家，恭喜你做了這麼棒的人生決定，擁有這麼酷的專業。）

九種你可能不知道可以吃的植物

有一天你若想把特別又自然的某樣東西加入最愛的食譜，也許後院就能找到。外頭其實有很多可以吃的植物，只是你不知道。不論你是想泡茶還是做果醬，或是在你最愛的一道菜裡加入與預期不同的味道與色彩，通常都能在離家不遠處找到需要的東西，不需要跑一趟超市。這就是採集的力量！

在我們開始討論這些有魔力、可食用的植物之前，我們要再次提醒你務必小心採集。很多安全可食用的植物都有有毒但外觀很像的冒牌貨。如果你不希望害自己（或朋友）生病，務必要帶一本好的指南，吃之前最好想想需不需要先給專家看。也請記得，就像超市貨架上的東西一樣，你永遠不會知道自己是否對某樣東西過敏。最後，記得土壤中的毒物和可能的殺蟲劑都能讓美味的食物變得危險。注意以上這些，才能成為安全又快樂、食物櫃滿滿的地精。

- **海帶**：海苔是人氣小點心，但有些人可能沒想過海帶也是可以吃的（對常吃中式、日式、韓式料理的人來說或許很正常，但有些人眼中的常識到了別人眼裡，卻可能是聽都沒聽過的新知，而本清單打算尊重這個事實）。如果你住在海邊，可以試著去撿一片昆布，切成小塊，每一塊都可以吃！乾燥的海帶也很棒，可以醃、加入義大利麵或沙拉，還有許多料理方式。海帶的營養非常豐富，對環境也很好。
- **蕁麻**（stinging nettle）：採集蕁麻時要很小心，因為碰到皮膚會造成刺痛

簡易採集容器

如果你預計要採集的量很多，可以試著製作這個容器。過程非常簡單，可以用好幾年。使用回收材料，非常符合地精哲學。你可以用來裝漿果和野菜，使用完後只要沖一下就能重複使用。

需要準備的材料

- 麥克筆
- 空的塑膠牛奶罐
- 剪刀或美工刀
- 約六十公分長的細繩
- 顏料、貼紙或其他裝飾品（非必要）

製作方法

1. 用麥克筆在牛奶罐上畫一條斜線，從把手上面一點點的地方畫到罐子三分之一或一半的地方。另一側也畫同樣的線，把線延伸到罐子的前面會合。
2. 用剪刀或美工刀沿著線切開。
3. 把細繩繞過你的腰，把一半的細繩和另一半用單結綁起來。
4. 把細繩另一端綁在牛奶罐的把手上。你要讓細繩固定在腰上，因此要確定繩子夠緊，可以固定，但不要緊到會不舒服。
5. 如果細繩太長，剪短一些。
6. 想要的話可以在容器上面畫畫，或是貼貼紙。（顏料或貼紙久了可能都會掉，但這也表示你可以再次裝飾。）
7. 完成了！現在你有一個容器，可以固定在身上，不必拿著，可以裝很多採集到的東西。

感。這種植物在烹飪上有許多種應用。一開始處理蕁麻時要戴手套，但加熱後就可以碰了。處理過的蕁麻葉和細枝可以用來當沙拉和披薩的配料，甚至可以當作青醬的主要原料。蕁麻是不尋常、但能帶來許多好處的野菜。

- **香蒲**（cattails）：必須在生長週期的特定階段採摘，因為你不希望吃到滿嘴毛（我們認為你不會想要，但最終由你決定）。如果你在柔荑花序還是綠的時候就把香蒲摘掉，就可以生吃或煮熟，甚至能像玉米一樣拿去煮。香蒲的根和花粉也可以入菜，是一種好吃又可以多元運用的植物。
- **野玫瑰**：美味並不輸其亮麗的外觀。玫瑰在晚秋時會結玫瑰果，吃起來有一種清淡、像柑橘類的味道。玫瑰果可以做果凍、飲料或泡茶，它也在沒有太多水果的季節，提供一種水果味的選項。當然，野玫瑰的花也能替許多食物添加令人驚豔的粉紅色調，適合在你想要做外觀漂亮的餐點時使用。

● **過貓**（fiddlehead fern）：這種獨特的捲捲植物，一年只有幾週會長在莢果蕨的頂端，如果想要採集，記得把日期寫好！過貓可以炒，當作任何一餐的甜美營養配菜，也可以烤、炸、醃或做成沙拉，每一種料理方式都很好吃。記得不要生吃！莢果蕨生吃可能會食物中毒。如果要自己採集過貓，記得只選莢果蕨，因為其他種類可能有毒。

（譯註：臺灣所謂的過貓包括好幾種蕨類的卷芽，其生長季節與狀況各有不同，原書這裡寫的是其中一種。臺灣最常見的過貓是過溝菜蕨，全年皆可採摘，但一般同樣不生吃，沒有毒）

● **水飛薊**（milk thistle）：別因為它的外觀，就以為水飛薊只是好看的紫花。這種植物可以做成好吃的點心，甚至自古以來就被用來治療肝病。可不是每一種花都有這種威力喔！水飛薊大部分的部位都可以吃，但應用最廣的是種子。把種子拿去烤，當作點心食用，或是磨成粉當調味料，甚至是當作咖啡豆的替代品。

● **松針**：是的，松針可以吃！你大概不會想吃松樹的枝，但松針可以加在鮮奶油或糖漿裡，會帶來一種有香料味、類似松樹香味的調味。在甜點裡加入松針糖漿或鮮奶油，可以將普通的甜點升級成非常特殊的味道，有什麼比用採集來的松針調味的甜點更有地精風情呢？

● **繡線菊**（meadowsweet）：只要是接骨木花做得到的，繡線菊都能做得更好。這種古老的藥草以前十分搶手，現在通常用來加進甜酒、蜂蜜酒和茶增添甜味和香味。如果你想替朋友調一杯讓人印象深刻的雞尾酒，可以考慮在糖漿裡加入繡線菊，或直接用這種香氣四溢的花朵製作甜酒。

● **樹皮**：有很多種樹皮都是可食用的，只要記得你要的是內層樹皮，不是粗糙的外層就好。採摘樹皮時必須小心，因為可能會傷到樹。只要你小心且正確地取得樹皮，那就是優質的寶物！樹皮可製茶、磨入麵粉、製油或做成藥膏，切成條狀後拿去煮，做成採集版的麵條。採摘前請確定自己找的是種類正確，否則這樹皮可能會比樹枝還硬。

專屬野生植物藥櫃

如果你想找一些比一般植物更有用的東西，那你走運了。野外有很多具有藥性的植物，可以提供天然的止痛藥、處理皮膚問題、解決噁心想吐等症狀。這些「藥」會比處方藥或成藥好嗎？不會，但如果你想用天然成分處理輕微的症狀，這些植物就一定幫得上忙。有時候單純只是知道哪種草可以緩解頭痛也很棒。每個人都喜歡有一點巫婆氣氛。

你家附近的藥用植物可能和以下內容不一樣，因為不同地方生長的植物不同（想不到吧！）。雖然我們會提到許多不同的生態系，但你所在地區生長的植物還是可能和這裡寫的不一樣，而且絕對不是我們可以羅列完整的。多研究附近的植物生態，才能親近你的植物鄰居和整個植物社區。

還有一件事情非常重要：這些植物很棒，但無法重現現代醫藥的奇蹟。如

橡實花生糖

如果你已經準備好測驗自己的採集能力，可以用採到的橡實做花生糖。過程簡單有趣，而且你會讓朋友們全都難以置信：「這是用橡實做的？」

需要準備的材料

- 一到一又四分之一杯的橡實果肉
- 一到一又四分之一杯的極細砂糖（如果沒有，粗粒砂糖也可以）
- 一條毛巾
- 一把鎚子
- 一個裝得下所有橡實的鍋子
- 一個平底鍋。
- 鋪好烘焙紙的烤盤

製作方法

1. 首先，把橡實中不理想的幾顆丟掉。好的橡實拿起來要有一點重量，外觀乾淨且有光澤。不好的橡實可能是太輕、太小、變色、變淡，或滿是象鼻蟲咬的洞。把壞掉的橡實丟掉（最好丟到戶外或是做堆肥），好的留下來。
2. 在堅固的表面鋪毛巾，放上幾顆橡實，再把毛巾對折，蓋住橡實。然後用鎚子大力敲，將橡實的殼敲碎。果肉收好、殼丟掉，然後重覆這個過程，直到取得一到一又四分之一杯的量。
3. 清洗橡實。這個步驟非常重要，能將很苦、吃了可能會不舒服的單寧洗掉。用鍋子煮橡實，水滾後把水倒掉，在鍋內裝新的水，再次煮沸，重覆直到煮滾後的水沒有變色為止。
4. 在平底鍋倒入糖，小火加熱並持續攪拌。糖很容易燒焦，必須多加注意。小心不要被滾燙的糖噴到。

5. 糖熔化成深棕色後，倒入橡實果肉，持續攪拌均勻，使橡實全部覆滿焦糖。

6. 平底鍋離火，「小心」將內容物倒入鋪有烘焙紙的烤盤。用湯匙或抹刀抹開，使其平均抹在烤盤上。

7. 靜置放涼。等它硬化後就完成了。

果你病得很重，請不要用天然植物取代處方藥。另外，如果你想長期使用以下任何藥用植物，務必先諮詢醫師，瞭解其對身體以及你正在服用藥物的影響。植物雖然是天然的，不代表它們不會有副作用。最後，在一頭栽入藥用植物的世界之前，要留意自己是否有過敏問題。要是泡了一杯治百病的茶，結果全身起疹子，那可就不好了。

- **蘆薈**：這種沙漠植物處理燒燙傷的能力使其廣受歡迎。只要切一小塊蘆薈葉，把裡面的汁液塗到燒燙傷處，或是多塗抹幾次在曬傷處，你很快就會覺得舒服多了。
- **薑黃**：薑黃的根因為具有消炎效果而非常有名，當作原料也能製成抗氧化的藥材。薑黃根茶很好喝，是利用這種植物的好方法。薑黃發酵後效果更好，

你知道有許多種植物曾被當作墮胎藥嗎？古時候的孕婦會使用各種植物來造成流產，好似墮胎和這些植物同樣正常。

據稱可以改善肝功能。

- **洋甘菊**：又一種能當成茶喝的藥用植物！洋甘菊具有讓人平靜的效果，能改善失眠和輕微的焦慮，睡前喝杯洋甘菊茶，有助於讓你睡得更好。
- **小白菊**：這種美麗的花朵數百年來都用於治療頭痛。這種植物根部以上的部位有緩解頭痛和疼痛的效果，但如果持續食用，停用後可能會使頭痛復發。曬乾後用葉子泡茶，可以讓你平靜一些，同時緩解頭痛。
- **薑**：不只是好吃，還能舒緩噁心想吐的感覺。不論你是有動暈症、早上起來就不舒服，還是因為接受治療而不舒服，薑多多少少有幫助。可以生吃、乾燥使用或泡茶，薑能輕易進入我們的生活。
- **西洋蓍草**（yarrow）：可說是萬用藥，從牙痛、發燒、腹瀉到傷口處理，內外皆可，用途廣泛，且幾乎每個部位都能利用。你可以吃乾燥的西洋蓍草，或是用來敷傷口。

都市地精的採集指南

或許你讀到這裡，想著「超酷的，可是我住城裡耶！如果我根本接觸不到什麼綠地，還有辦法採集嗎？」別擔心，可愛的都市地精，你還是可以採集，只是風格和能找到的寶物有點不一樣而已。

對都市地精而言，可能是廚房流理台上的迷你花園，或是利用小陽台來種少數幾種食材。也可以隨身攜帶環保購物袋，通勤時如果碰到什麼可以採集的東西時，就不會錯過。都市採集需要多一點創意，但並非做不到。事實上，由於地精熱愛發揮創意且充滿好奇，其實很適合在都市裡採集。話說回來，採集不就是尋寶嗎？

這裡提供一些好點子。如果無法接觸到綠地，那就自己打造吧！如果你想隨時都能採到新鮮食材，就在公寓自己種吧！如果你喜歡出外尋找讓人猜不到它居然可以吃的植物，也沒問題。都市地精的採集能力並不會比其他地精差。

綠化：如何接觸到綠化空間

生活在資本主義社會實屬不幸，因為這代表我們能否接觸到綠化空間，往往取決於我們的收入、居住地、環境種族主義和其他大多和錢有關的因素。（環境種族主義指的是環境政策和基礎建設不成比例，較常傷害到黑人、原住民和其他有色人種的情況。例如密西根州的佛林特大多是黑人居住，曾多年沒有可飲用的自來水。）較難接觸綠地會造成許多問題，不過我們現在只談採集的部分。我們仍然有辦法在身邊增加更多綠化空間，以下提供幾種方法。

加入或發起社區花園計畫。嘗試之前記得先研究看看附近是不是已經有一座社區花園，你不需要自己從頭打造一座！如果沒有，那就可以考慮自己做。發起社區花園計畫並不容易，但如果你有充足的時間與資源，多了這座花園會對當地環境很有幫助。這種事無法一朝一夕做好，需要投入相當多的努力，必須衡量社區居民有沒有興趣，和有興趣的人開會討論，找到贊助商，查閱當地有關購買或租賃花園空間的法規，地點的選擇、購買與準備，很多事情要操心。但如果你做得到，就去做吧！

把公寓改造成溫室。尋找適合室內生長的植物，然後開始在窗台、流理台或陽台上栽種。不論小規模的香草，還是蕃茄或檸檬之類的，都可以。如果你的園藝技能不怎麼樣，從容易種（很難種死）的植物開始，例如薄荷或是四季桔等等。放心，自己種也算是採集！

去公園走走。你大概沒想過附近的公園有多少採集的可能。公園或許有橡實、蒲公英、野玫瑰，甚至是香蒲，這些都可以吃，你甚至不需要出城。下次去公園散步或野餐時，留意一下身邊有些什麼植物，你就會發現

這個社區花園要對所有人免費開放，如果做不到，就別做了。這種花園非常適合對抗糧食問題並提升社區意識，但如果花園要付費使用，就失去以上好處，只是在製造更多私有地而已。

可以採集的東西比你預期的還要多。但在開始採集之前，記得先查閱當地法規。

看看裝飾性的綠化工程。大多數都市規劃都會種一些樹、灌木或花。就算你家附近沒有公園，或許還是有一條街有種行道樹或灌木。比起把這樣的綠化工程當作單純的裝飾，你應該花一點時間瞭解這到底是哪種植物，也許有採集的價值。

室內花園比想像中可行

你想要把公寓改造成個人專屬的採集天堂，卻不知道從哪下手嗎？別擔心，不論你的園藝技能到什麼程度，總是能找到適合自己的室內植物。以下植物都值得你考慮在家栽種，之後就可以安心採

雖然游擊式嫁接（guerrilla grafting）算是遊走在法律邊緣，但這種方法很有創意，也很有趣，許多城市居民都在用這種方法對抗食品安全問題。游擊式嫁接指的是將果樹的枝嫁接到城裡現有但沒有食用價值的樹上，現存的樹會替嫁接的樹枝提供營養並生產食物。

集，不必離開小窩了！

● **香草**：香草類植物是新手的好選擇，這類植物強韌，長得快，照顧容易。而且沒有什麼比新鮮香草更適合加入晚餐了。你可以試著種百里香、羅勒、迷迭香、香芹、牛至……選項非常多。另外，種香草還能讓你的公寓聞起來香香的。

● **秀珍菇**（oyster mushroom）：易於在室內栽種的菇類有很多，秀珍菇是其中最簡單（也最好吃）的一種。可以種在溫暖、潮濕、黑暗的地方（水槽下是個不錯的選擇！），不管是種在乾草還是咖啡渣上都能活。如果你是種菇新手，有點不安，你也可以去買養菇套件，裡面有種出健康快樂的真菌所需要的設備。

● **檸檬香蜂草**（lemon balm）：如果你想找簡單又有藥性的室內植物，檸檬香蜂草是不錯的選擇。容易種植，還有幫助消化的效果。如果你常常腸胃不舒服，這就是適合種在你家的優質簡易植物。

- **微型菜苗**（microgreens）：這種小嫩芽內含大量維生素和礦物質，而且很容易在室內種出來。長得很快，光線不足也沒關係，也不太需要照顧。你只需要在窗台騰出一點空間，很快就能種出許多微型菜苗了！
- **薰衣草**：這種花可以當作食物，也能藥用。你可以把薰衣草的花曬乾，加入飲料和點心，使其多一種花香，也能用來泡澡，緩解肌肉酸痛。薰衣草油也可以當外用藥，幫助傷口痊癒、處理皮膚問題，或是噴霧後吸入以平靜身心。以一種可以自己種的植物來說，好處還真不少！

都市的食用植物

常見植物有多少是可以吃的呢？答案可能會讓你嚇一跳，因為你上下班通勤途中可能就會遇到不只一種。等你瞭解哪種草、樹和花可以採來吃之後，你就會以全新觀點看待你居住的城市。城市不是一個冰冷、灰色、不自然的地方，而可能是精明、知道該找什麼的採集者意想不到的天堂。城市裡的綠地或許沒有郊區或鄉下多，但並不代表你就沒辦法發揮地精的一面，成為採集大師（要確定你是在公共場所採集，不是鄰居的私有地）。祝你採集愉快！

- **蒲公英**：你小時候可能花過不少時間摘蒲公英、用蒲公英做花冠，或是吹蒲公英種子許願。但你知道蒲公英可以做成好吃又營養的食物嗎？把根拿去泡茶、葉子做成沙拉、花拿去釀酒，還有其他更多用途。你知道蒲公英可以做這麼多事之後，就再也不會把它當成雜草了。蒲公英在整個北美、澳洲、紐西蘭、印度、南非和歐洲的部分地區都找得到。
- **三葉草**（clover）：三葉草不僅有益土地，它的花也能替茶、果醬、糖漿和飲料帶來清淡、甜蜜的花香味。把花拿去泡水，甚至把紅苜蓿曬乾後磨成粉。誰想得到這種小花有這麼大的潛力？除了東南亞和澳洲之外，全世界都找得到三葉草。
- **繁縷**（chickweed）：常見雜草，營養價值非常高，證明草確實是採集者最好的朋友。這種植物的葉子和花都可以吃，生吃還是煮熟都可以。你可以把這種植物加入沙拉、湯、義大利麵、青醬與更多料理內，以提升營養價值。繁縷生長在美國本土、歐洲和亞洲部分地區。請注意，在美國某些地區，這種植物被列為入侵種，因此採集它其實是在幫助環境！

- **羊蹄葉**（皺葉酸模，curly dock）：這種植物到處都有，你大概早就在公園、路邊甚至人行道縫隙看過了。在晚春到初夏採集這種植物，可以把莖的外皮剝掉拿去煮，就像其他青菜一樣。羊蹄葉有一種淡淡的酸味，可以生吃也可以煮熟再吃（甚至可以醃）。它正是都市採集者的理想目標。羊蹄葉生長在美國本土、歐洲、亞洲和加拿大絕大多數地區。
- **橡實**：為什麼我們重視杏仁，卻忽視常見又富含維生素的橡實呢？橡實是常見的堅果，只要以正確的方式準備（要先煮過才能去除苦瑟的單寧），你就可以拿它煮各種料理了。烤過的橡實是好吃的點心，也很適合加入烘焙產品裡。橡實粉的堅果味也非常受歡迎。橡樹生長在美國本土多數地區、加拿大、亞洲、歐洲、北非和中南美地區。

● **大車前草**（broadleaf plantain）：到處都有，是採集者的福音。大車前草的葉子可以生吃也可以煮熟再吃，最好在春天時採集幼葉，不然味道會較辣和苦，整體而言比較不好吃。收成這種葉子之後，可以試著拿來做平常要用菠菜做的菜，你一定會對結果相當滿意。大車前草在大多數北美、亞洲和歐洲地區都找得到。

● **朴樹**（hackberry）：很多地方都有，在有些國家是熱門食物。很容易在市區找到，花和葉都可以食用，通常葉子比較常見。可以蒸或炒，記得不要烹煮太久，因為這種葉子相當脆弱，加熱過度可能會碎掉！南北美、夏威夷、澳洲和許多北方國家都有生長。

● **莧菜**（Lamb's Quarter）：這種植物不但好看，還有雙重用途。在春夏季，可以採摘葉子煮來吃。但莧菜真正的價值是在夏秋之間，因為這時莧菜籽會成熟，成為採集者等待已久的大好機會。莧菜籽的營養價值非常高，可以磨成粉，用在各種食譜上，用法和各種古代就有在食用的穀類相同（例如藜麥和法老小麥）。除了南極洲，全世界都能找到。

● **桑葚**：這種高人氣的樹會結很好吃的果子，能讓任何地精採集家為之滿意。成熟的桑葚會呈現帶有一點紅的黑色。只要看到這種顏色的桑葚，就可以收成了！能有這種美味莓果是很棒的事，有許多不同的用法。你可以用桑葚來做水果餡餅、果醬、果昔、派、水果冰沙、杯子蛋糕和許多食物。最棒的是，桑葚樹在城裡很常見。該去採桑葚囉！桑葚樹在大多數北美、南美、南亞和南非地區都找得到。

食用與藥用植物

現在廚房裡有許多採集到的植物了，接下來該怎麼辦？幸好，你採集到的植物有許多應用方式，從烹飪、泡茶到泡酒，你精心挑選的植物可以用很久。先決定哪些植物要食用，哪些藥用，因為生西洋蓍草沙拉並不好吃，拿桑甚做外用藥也只會把你染成紫色而已。車前草和蒲公英之類的植物則是兩種功能都有。決定後，小心清理植物。你可不希望美味的一餐裡有蟲子或是土。記得檢查你的植物是否需要先處理過，才能安全使用（例如，橡實要先泡過水才能煮）。再次確認過你查到的資料和採集到的東西之後，就可以開始了。

如果你不想馬上用光，最簡單快速的保存方法就是裝進夾鍊袋後冷凍。把植物名稱、包裝日期和（如果想要的話）拆封後需要做的處理寫上去（例如還沒泡過水之類的）。裝入袋子時，盡量把植物鋪平，排出空氣，再放進冷凍庫。這樣你採集到的植物應該可以存放幾週。所以，盡情嘗試吧。

乾燥

不論是要做茶，還是單純想放久一點，乾燥都是值得學習的食物保存法。這個方法非常簡單。首先你可能要先川燙一下再泡冰水，以便更能保留食材的顏色與味道。在這之後你有幾種選項，水果與較大的蔬菜可以切成薄片，不用

蒲公英油

不論是想舒緩酸痛，還是讓忙碌的心情放鬆，蒲公英油有許多每天都用得到的用途。請記住，這個配方做出來的東西不能吃，蒲公英油只能外用。（想吃蒲公英的話，請拿去泡茶、做成果醬或是釀酒。）如果你想用蒲公英以外的東西做油，程序相同，只要將蒲公英換成你選的乾燥香草或花。

需要準備的材料

- 足以裝滿容器的蒲公英
- 一個有蓋子的玻璃瓶或其他容器
- 橄欖油或其他耐存放食用油
- 一把奶油刀、一雙筷子或類似的工具
- 一塊布
- 一條橡皮筋或繩子

製作方法

1. 從沒有噴過除草劑或殺蟲劑的地方採集蒲公英。挑呈黃色的蒲公英花。
2. 仔細清洗蒲公英：摘下花頭，放進濾籃沖水，然後在水中靜置約十分鐘，偶爾用手攪拌。
3. 讓蒲公英稍微脫水：將花頭放在毛巾上，輕輕蓋上一層廚房紙巾，靜置過夜。
4. 把蒲公英放進瓶子，倒入油至淹過蒲公英（油面到瓶口最好要有六公釐左右的空間）。
5. 使用奶油刀輕戳，把氣泡排出。
6. 用布蓋住瓶口，並用橡皮筋綁好。將容器放在太陽曬得到的地方靜置二週。小心不要放太久，否則油可能會發霉。
7. 把蒲公英花頭濾掉，油倒進乾淨的瓶子裡。關緊蓋子，放在涼爽乾燥的地方，可以保存大約一年。

到像紙一樣薄，大概五到六公釐就可以了。把烤箱溫度設到最低，大約攝氏六十度，然後耐心等待。大概需要至少八小時才會乾燥，記得要不時去查看狀況。

如果是香草類植物，乾燥過程就更簡單了。只要洗過，綁成一小束，再倒掛晾在乾燥、沒有日光直射的地方讓它乾就可以了。這個過程需要幾天，因此最好把植物放在紙袋內，避免灰塵或蟲子跑到正在晾乾的植物上。有幾種植物格外適合乾燥處理，包括薰衣草、迷迭香、鼠尾草和百里香。這些香草都很耐久、不容易發霉，可以掛著好幾天沒問題。

最後放入氣密容器內，存放在涼爽、乾燥、陰暗的地方。這樣你採集到的食物就可以放好幾個月了。

自製果醬

別被嚇到，作法其實很簡單，而且成果令人滿意。你需要的只有水果、糖、玻璃罐和時間而已。只要正確進行，就能讓你採集到的食物在一年後仍然可以安全食用。在開始前，記得先把罐子洗過（手洗或機洗都可以），然後測量需要的量。大致上的比例是每一磅（四五四公克）水果配一杯糖，但你也可以自己開發配方。把水果和糖倒到鍋裡，小火加熱，攪拌直到變得黏稠為止，然後就可以把果醬倒進罐子了。為了確保罐子密封良好，最好蓋上蓋子，泡入滾水中煮大約十分鐘。果醬和果凍的製作方式差不多，只是濃稠程度以及罐子裡裝了多少水果而已（果凍是純果汁做的，果醬是搗碎的果肉，而水果罐頭則是整顆或切成大塊的水果）。當然，自製果醬還有很多祕訣，但希望這樣的介紹至少讓你明白，做果醬並不困難。這是適合採集地精花上一整天的小工作。

有些水果格外適合做成果醬，包括蘋果、梅子、黑莓、柑橘類、紅醋栗、蔓越莓和醋栗。因為這些水果的天然果膠含量很高，而這正是讓水果在熬煮過後變黏稠的成分。

泡酒

如果你想讓藥用植物的效果達到最強，可以考慮泡成藥酒。這麼做能萃取出植物中有益、有藥性的成分，再加進茶或其他飲料內，或是直接攝取。做成藥酒也能延長保存期限。需要注意一點，藥酒原則上是用酒精當溶劑，一次取用的量很少，因此攝取到的酒精少到可以忽略，但如果你完全不碰酒精，可以改用醋（這樣就只叫萃取液了，因為不用酒精就不叫藥酒）。

新鮮或乾燥過的植物都可以做。先把植物切碎，放入玻璃罐裡，裝到大約半滿，倒入伏特加等味道中性的烈酒至全滿。蓋緊後靜置至少六到八週，記得每週搖晃一次。時間到了之後，把萃取液透過紗布濾到另一個玻璃罐內，記得把紗布裡每一滴液體都擠乾淨。這樣就完成了，很酷吧。

適合泡藥酒的植物包括薑、小白菊、洋甘菊、纈草（valerian）、銀杏、水飛薊和貫葉連翹（St. John's wort）。這些都是用途廣泛的藥用植物，只要在晚上喝的茶裡加進一、兩滴，就能讓你隔天精神百倍。

藥膏

這應該是最簡單的應用了。簡易的藥膏就只是把植物磨成糊，然後塗到皮膚上協助傷口痊癒、消炎、緩解肌肉酸痛，或是製造類似的效果。只需要選擇最有效的植物，然後配溫水或冷水搗碎研磨成膏，再塗到患部就可以了。如果你直接把藥膏塗在皮膚上，可以蓋一層紗布以便固定。如果你希望藥膏稍微花俏一點，可以在一塊乾淨的布（襪子也可以）上放滿藥草，然後泡水搗碎，再把這塊布固定在傷口上。藥用植物要做成藥膏非常簡單，下次發炎或疼痛時試試看吧，說不定很有用喔！

薑、薑黃、蘆薈、桉樹和蒲公英都很適合作成藥膏，來處理發炎、關節炎和擦傷。

採集可說是與大自然建立關係最快、最有成果的方法，不是資本主義式的買賣關係，而是真正的分享和相互理解。在現代社會，要找到能直接與自然互動的地方可能不太容易，但採集給了我們機會。開始採集後，你會更加注意季節的變化，依時令飲食，留意植物的生長週期。突然間，你開始瞭解世界的運行，而這是我們身處全年都買得到草莓的時代，逐漸陌生的規律。

採集時記得尊重當地的自然環境。記得查詢最好的採集方式，保持乾淨和永續，不要多採。等你漸漸熟練，就可以開始把你學會的東西教給別人了。建立一個有關採集的地精社群，與喜歡以任何可行的小方法親近土地的人交流，將寶貴的知識分享給你在乎的人。採集是一種愛：愛環境，愛自己，也愛身邊的人。

VII

來場泥巴浴

自我照顧的過程
不需要乾淨美觀

美容保養品產業並不見得站在你這邊，這不是什麼天大的祕密。這些產業並不把重點放在接受和照顧你的身體，而是要「改良」你，讓你持續追逐永遠追不到的目標。如果你厭倦了把自己的身體當作消費品或一個要達成的目標，地精哲學就可以派上用場了。成為地精的重點就是逃離資本主義的魔掌（做到任何人都做得到的程度就好），包括反抗美容保養產業，重新思考自我照顧（self-care）的意義。

地精是為了讓自己感覺好而照顧自己，也值得如此。只要有助於心理健康，就算怪異甚至有時有點噁心，又有什關係。自我照顧並不是為了別人的眼光，而是要讚揚自己的心靈與身體。重點不在購買特殊產品，或無視疲勞繼續蠟燭兩頭燒。重點是建立良好習慣，提醒自己值得一段休息，自己的價值不是只有生產力而已。開始進行地精式的自我照顧，看看你對自己的看法會有什麼改變吧。

除此之外，不要再追求完美。不要試著修正身體，而是接受身上不一樣、不完美或不被重視的部分。這樣的改變不是一朝一夕就能完成的。身體形象和心理健康問題可能會持續一輩子。不會有人要求你明天一早醒來就要全心接受自己、愛自己，但只要定期做一些小小的自我照顧，讓它成為習慣，就能漸漸改變你對自己的感受。有一天，你就會發現自己身上那些不怎麼符合美學標準的地方（也就是奇怪、不舒服或「醜」的地方），也深具價值。

地精水療日

講到自我照顧，你可能會想到昂貴的保濕乳液和洗面乳、身穿白色浴袍並在臉上放滿小黃瓜的女人，以及光芒四射的美髮沙龍。你或許很喜歡這樣的形象，可惜對你而言太不真實或太難取得。如果你想自我照顧，卻對美容保養業界不太有信心，別擔心，不是只有你這樣。從幾百種熱門的護膚產品和幾千種宣稱你需要的產品中挑出合適的品項，還滿累人的，幸好地精不追求資本主義式的「好」，也不以「美麗」為目標。地精把一切重點都放在愛護自己：檢查身體狀況、花時間讓自己更舒適。

找時間放鬆可以大幅改善情緒。你不需要購買花俏的新產品，也不用執著於改善外貌，只要花一點時間與自己相處、檢查身體狀況，並記得自己也值得過得舒服就好。不論是短短幾分鐘，還是一整天，一定都能讓自己好過一些。以下是幾個祕訣。

擁抱自製品：自己做面膜、身體磨砂膏和入浴劑，可以讓「專屬自己的時間」更加屬於自己。面膜可以用蛋白、咖啡粉、蘆薈、蜂蜜和更多材料製作。身體磨砂膏和唇膏可以用一點糖與蜂蜜製作。把燕麥片、小蘇打或硫酸鎂倒入洗澡水，再加上幾滴薰衣草油就可以了。最後再用經典的小黃瓜敷眼睛，自家水療就完成了。

越怪越好：有很多怪方法可以洗臉。或是用蝸牛黏液來護膚。對，蝸牛黏液。蝸牛的黏蛋白可以保濕，據稱可以讓皮膚更水潤。如果你的皮膚碰到蝸牛黏液會不舒服，或是需要更強的保濕效果，可以嘗試「slugging」。Slugging 據稱對乾性皮膚很好，過程簡單又有點髒髒的（最適合地精了），只要每天晚上洗完臉後塗一層凡士林。睡覺時可能需要在頭下面墊一條毛巾，第二天你的臉就會非常水嫩。如果你想要更簡單的地精式護膚，那就在長面皰時使用面皰用的貼紙吧。如字面所述，它是可愛的小型貼紙，有能治好面皰的凝膠。這種貼紙或貼布有各種形狀和顏色，而處理面皰的方法中，有什麼比臉上貼滿有趣小東西更符合地精精神呢？

自製化妝品：沒有人「必須」化妝，但如果你覺得很有趣，其實有很多天然方法可以做到。例如用甜菜根汁來化嘴唇和臉頰，用椰子油和可可粉做眉毛膏，把米磨成粉加上薑黃或番紅花便能做出鮮豔的眼影，把藍莓壓汁就能用來染髮。有許多天然材料可以用來做出有趣的地精化妝品。

多想想永續性：美容產業製造很多垃圾，因此你的自我照顧很適合作為改善永續性的第一步。如果有某些產品你比較想用買的，而非自己做，購買之前請花點時間研究比較環保的廠牌與產品。盡量選有機的指甲油，因為一般指甲油有很多對環境不好的化學物質。用竹製品取代塑膠製。把舊洗臉巾剪成小塊便能當成棉球使用，還可以省錢。當然，自製永遠比購買更環保。

泥巴浴的好處

在英文裡，泥巴浴（wallow）具有躺在泥巴裡、享受某件事，或是陷入情感中等不同的意思。心情不好和享受，居然用同一個動詞，而這個動詞原本的意思還是指像一頭豬般在泥坑裡滾來滾去。或許有某種方法可以帶給我們某種樂趣，類似奢華生活與動手處理心中黑暗面的樂趣吧。如果不必讓負面想法壓過我們，而是一腳踩進負面想法如沼澤般又濕又黏的深處，透過沉浸在不舒服裡來讓自己好過一些呢？

允許那些我們平常會壓抑的情緒浮上檯面，而不去評斷或嘗試控制，這樣的作法有點類似發洩。你不一定要讓它掌控生活，而是練習去認識並接受，不是一味壓抑。在情緒裡打滾很像在泥巴裡打滾，讓人開心，因為這代表你擁抱了人生比較濕黏的那部分。想像你怎麼照顧池塘裡的蝌蚪吧，然後用同樣方式去處理你的痛苦。準備好來場泥巴浴吧。

1. 第一步就是讓自己舒服。沒有人能在不舒服的狀態下洗泥巴浴。拿些毯子，穿上舒適的衣服，在床上或沙發上放輕鬆，調暗燈光。花幾分鐘替自己打造舒適的空間，一個你能舒舒服服地待上一陣子的地方。有時候當你心情不好時，可能會沒有動力完成這件事，那麼，至少換件睡衣吧，多少有幫助。

2. 確保有立即可食用的食物。沒有什麼比肚子餓更容易打斷泥巴浴了。訂一份披薩、儲藏冷凍食物，或是請朋友帶零食過來。不見得要是頂級、費工的食物，重點是不要讓飢餓感降低你控制自己及觀察情感的能力。感受你感覺到的東西，不是讓感覺壓過你。

3. 記住人生是可以等的。不論你需要一個晚上、一天，還是一整個周末，記得提醒自己，你值得花這個時間。有時候什麼也不做會讓你倍感壓力，因為我們被教育成每分每秒都要保持生產力。可是那些你以為你必須做的事，不管是回郵件、回訊息，或是洗盤子，其實都可以等上幾天。（但請記得照顧好你要負責照顧的動物或人，或是安排別人幫你照顧。）那些工作在你洗完泥巴浴後仍會在那裡，希望到時你已有充分的動力去面對它。

4. 別管打掃了。家事可以等、洗澡可以等，所有非必要的事情都可以等。泥巴浴不是表演，不需要保持美美的外觀。整件事都是為了你而存在，如果你有幾天不想把自己洗乾淨，不想整理家裡，那就這麼做吧。

5. 溫柔對待自己。這是最重要的，這才是讓泥巴浴和普通的「沉溺在憂鬱裡」不同的地方。你不應該把泥巴浴時間花在厭惡、懷疑自己上，應該把時間用來檢視情緒。你為什麼需要花時間洗泥巴浴？然後有什麼感覺？你又回到什麼樣的想法或感覺裡？不論你遇到什麼情緒，盡量不要生自己的氣，或是壓抑這個情緒。你要允許自己有這樣的情感，並對所有好與不好的情緒都給予關懷和注意。有時候並不舒服，你要準備好接受這點。但只要你能溫柔對待自己，最後得到的幫助就會比痛苦多。你值得受到關懷和注意，即使你現在的情緒不怎麼好也一樣。

6. 從泥巴浴裡出來。你最終還是必須離開這樣的狀態，這很令人失望，但這就是現實。你不必一次完成所有步驟。慢慢來，沖個澡，或是傳個單純打招呼的訊息給朋友。如果你想，為自己煮一頓簡單的晚餐。如果你要回去工作，一開始把步調放得更慢一點。出去散步，或是去某個不在地精小窩內、但讓你覺得安全舒適的地方。記住，你還有朋友與支援團體。你不需要以平常的速度跳出泥巴浴，直接回到平常的生活。持續注意自己和情緒，並以你覺得最舒服的速度前進。想想你在泥巴浴期間學到的事。

恩古（Unggue）

請注意，本節不適合膽小或胃不好的人。我們要討論的東西還滿噁心的。

在泰瑞．普拉契爵士（Sir Terry Pratchett）的經典著作《碟形世界》（Discworld）裡，有一種叫恩古的宗教。這個宗教的中心思想，就是身體產生、排出的東西都很神聖，必須好好照顧及保存。地精信奉這個宗教的作法，就是製作小而精緻的容器，把身上排出的東西全都裝進去，包括耳屎、剪下來的指甲和腳趾甲，以及鼻涕等等。《碟形世界》的地精終生花在拿身上排出來的固體和液體填滿這一個個的容器，死後才能和此生身體製造出來的東西一起下葬。地精在《碟形世界》裡不怎麼受到歡迎。

雖然很噁心，但普拉契筆下的地精宗教講到了少有人提的重點：活的東西很噁心。人很噁心。我們是用黏黏溼溼的纖維和膜組成的，身體裡面有很多膿汁和黏液。我們會吃喝拉撒，還有什麼比人體更髒更臭更噁心呢？

然而正是這樣的髒亂使我們得以生存。我們都一樣髒，並且髒得有理由。我們的身體為了活著，就是會長出耳屎、鼻涕和指甲。內臟是噁心的黏液囊，但要是沒有大腦、心臟、肺這些噁心的黏液囊，人一定會死掉。

或許恩古是要提醒我們接受甚至熱愛自己噁心的那一面。每個人都很髒很噁心。如果我們能開始推崇，或至少學會接受噁心的那一面，會如何？（或許還是不要把那些東西收集起來放著啦。）

如果我們的身體值得受到照顧，那就表示身體的所有部分都值得。恩古的教訓就是要擁抱自己的每個部分，即使是你想忽略不看的那部分，包括醜怪的那部分，都有存在意義並值得妥善照顧。

適合放鬆的平靜香味

氣味可以讓我們回想起以前的事，造成強烈的情感，也能改變心情。嗅覺是與記憶關係最密切的感官，因此我們常常會對各種氣味有著強烈的情緒反應，聞到某種熟悉的氣味時，也會突然想起遺忘已久的事物。有些味道可能可以讓你好過一些、平靜下來，或是讓你更有動力。既然如此，何不開始把氣味加入自我照顧呢？

香氛療法和精油近年來受到歡迎是有理由的。由於氣味與記憶和情緒的關係十分緊密，利用氣味來改變心理狀態當然是很有道理的作法。如果想在你的自我照顧過程加入氣味元素，有很多方法可以選擇，也可以自己動手做。精油很難自製，但你可以做萃取油、香包、淡味乳液和香條，不會很難。如果你自己做香氛產品，便能選擇香味。你可以多做實驗，找出最能安撫你的香味。如果不確定要從哪種配方開始嘗試，以下是一份簡易指南，列出各種不同的香氛材料與其情緒效果。

- **睡前**：洋甘菊、馬鬱蘭、雪松木。
- **起床**：咖啡、迷迭香、薄荷。
- **放鬆**：薰衣草、松木、香檸檬（佛手柑）。
- **改善心情**：柑橘、壇香木、剛摘的青草。
- **改善專注力**：百里香、肉桂、鼠尾草。
- **疼痛舒緩**：蘋果、香矛（檸檬草）、快樂鼠尾草。

一般而言，自製香氛產品會比買精油來得好，因為市售精油沒有受到美國食藥局的管制，可能含有有害化學物質（譯註：臺灣有管制，但由於分類和標示上都有不少漏洞可以鑽，購買時還是要多問、多看成分）。如果你還是要買精油，請多研究生產販賣的公司。切記：精油對寵物很不好！如果你有養寵物，絕對不要把精油加進噴霧器或加濕器。

香氛石

想要讓家裡充滿地精風的香味嗎？做香氛石吧！沒有什麼比把有香味的自製石頭放滿家中更有地精風格了。自製香氛石的好處是可以選你最喜歡的香味，也許是麝香味和甜味，或是土壤和新鮮空氣的味道，還是希望香氛石聞起來就像石頭。一切由你決定。

需要準備的材料

- 一杯半的白麵粉，可依需要增加
- 四分之一杯的鹽
- 四分之一茶匙的玉米澱粉
- 三分之二杯的滾水，可依需要增加
- 一茶匙的精油或自製萃取液
- 食用色素（非必要）
- 二大匙乾燥香草、花瓣或橘子皮（非必要）

製作方法

1. 先自製萃取液，請遵照之前的蒲公英油作法，但將原料換成你選的香草或花。
2. 在大碗中混合麵粉、鹽和玉米澱粉。
3. 慢慢將滾水加入大碗並持續攪拌。
4. 放涼後，捏麵團直到它變硬。如果麵團太濕，就加更多麵粉，太乾就加水。麵團應該保持光滑、堅實、不要太黏的狀態。
5. 加入油，如果你要用食用色素，此時該加進去了。
6. 把油揉進麵團，直到均勻混合。如果你有加食用色素，揉到顏色均勻。
7. 捏幾團小的麵團（直徑約二點五到五公分）。把麵團滾成球狀，再捏成石塊形狀。如果你想要，可以壓入乾燥的香草或花。
8. 將石頭放在烤紙或放涼用的烤架上，靜置至少八小時使其乾燥。
9. 把石頭放到碗裡或玻璃罐裡，便是帶來香氣的擺飾。味道若開始變淡，再滴幾滴油進去就可以了。

冥想

不論你是有焦慮、容易分心的問題，還是只想在忙碌的世界獲得平靜，在你的小窩打造一處沉思冥想的空間，都能帶來超乎想像的效果。冥想有助於減輕焦慮和壓力，讓你專注當下、保持注意力、度過情感難關，甚至還可能讓你更有創意。你只需要每天花幾分鐘的時間靜下心來，讓忙碌的大腦休息一下就可以了。

打造合適的空間可以讓冥想變得容易且正面，只要把某個房間、衣帽間或角落設計成能讓你放鬆就好。很多人喜歡空空的極簡風，但如果你是喜歡東西多一點的人，也沒什麼不好，只要你覺得輕鬆就好。身邊滿是精心挑選過的物品，可能會讓你感覺被支持。如果你是那種在空蕩蕩的房間裡會不自在的人，就不要在一無所有的空間裡冥想！你的冥想區必須符合你對舒適的定義，不管那個定義是什麼。唯有你感覺到安全感與舒適，才能專注並好好放鬆。

什麼地方是凌亂、舒服、讓人放鬆又自然呢？答案很簡單：森林。如果能讓你的冥想區有著像森林一樣的感覺，就能同時讓你和大自然建立關係。畢竟有什麼比想像自己坐在濃密森林裡的苔蘚上更能讓人平靜呢？森林並不怎麼極簡主義，也不怎麼乾淨；長滿了菇、松針，還有樹墩、花、陰影處、各種鳥類與昆蟲。森林是讓人平靜但雜亂的祕境，我們可以接觸到各種奇怪、充滿泥巴的美好事物。以下是將森林的冥想神力帶進你家的幾個祕訣。

找到屬於你的空間。第一步當然是找出這個空間。如果你住在獨棟或比較大的公寓，或許可以把一整個房間改造成森林式冥想室。如果你沒有多餘的坪數，就指派一個比較少用的角落。不要擔心選錯，今天選了這裡，明天卻覺得不行，那也無妨，有時確實需要嘗試幾次。然而只要你開始預留空間，就能鼓勵自己去做，並且替冥想帶來更多意義。

不要獨自冥想。當我們談到冥想時，通常會想到靜靜坐著、沉浸在思緒中好幾分鐘。如果你是新手，這樣子冥想會很不容易。試著下載喜歡的冥想 app（有很多）、podcast 或影片。要找到喜歡的冥想節目可能不容易，但效果值得嘗試。在指導下冥想可以讓你學會基礎，如果你打算利用冥想來處理特定的問題或煩惱，這種指導可能會提供不少幫助。請不要灌輸自己「要在一片寂靜中冥想才是正確的作法」，要用對你有效的方法！

用上所有感官。要讓一個空間真的能讓你冷靜、專注與放鬆，需要考慮的不只是外觀，還有氣味、觸感和聲音。若想打造以森林為主題的冥想空間來促進放鬆與思考，可以試著使用松木、雪松木和薄荷等氣味（譯註：以臺灣有的樹種而言，如果沒有過敏問題，檜木也是一種選擇）。除了冥想節目，也可以引進其他能讓你放鬆、與大自然建立關係的聲音。你可以設定雨聲等自然聲響的播放清單，或是找一部有森林聲音的影片，確保音量調整到讓你平靜但不會分心。至於觸感，可以試著放地毯或在身上披毯子，選擇能讓你想起森林地面柔軟土壤的質地，或是類似天鵝絨、能讓人想到苔蘚的枕頭。

選擇合適的光源。光是冥想時很重要的元素。如果你一直被高強度的日光燈照著，靜下心來感受當下就會比較難，想想什麼樣的光源能讓你平靜。如果你需要把冥想空間的照明與房間照明區隔開，可以考慮掛一片布，像蚊帳一樣罩住冥想空間。這樣一來，你就可以用自己想要的方式來照明這個區塊，不必擔心被房間過亮的大燈干擾。若想模仿森林裡那種較為昏暗、受到遮蔽的光線，可以在空間邊緣放聖誕燈之類的燈飾。也可以用鹽燈或可調光的桌燈來增添氣氛。燈光是很有幫助的細節。

讓自己舒服平靜。身體不舒服時很難放鬆。擺一些枕頭、靠枕、毯子和地毯，盡量讓這裡是個舒適的空間，這樣你才會願意花時間待在這裡。理想上，冥想空間應該要是讓你覺得安全、寧靜的地方。你可以試著多放幾種不同觸感和硬度的靠枕和枕頭，模擬森林裡不同的植物、樹根、岩石和樹墩。在地上鋪滿能讓你想起長滿草木的森林地面的毯子。

裝飾你的森林。有些人說冥想空間不能太亂。確實不應該弄得太混亂，導致分心。然而對地精來說，一點混亂可能是好事，能讓空間感覺更有你的氣息，有助於讓你放鬆。只要不會害你分心，充滿裝飾品的冥想空間並不是壞事。以森林為主題的冥想空間可能會有植物、水晶、泥土罐、深綠色和棕色靠枕與毯子、乾燥花以及裝飾用樹枝等等。這可能需要花上一些時間，但只要找到平衡點，你就會不想離開你的沉思地了。

培養地精夥伴

菇和真菌能教會我們什麼友誼的道理呢？就像菇總是長成一團，朋友總是會聚在一起、互相支持並幫助彼此成長。友誼是一種複雜、不可知但必要的真菌，在我們之間建立緊密的關係。即使有時候你覺得孤單，但只要有朋友，就能時時連上一套支援體系。朋友能帶來營養，讓彼此成長，同時與更廣大的世界產生聯結。菇聚在一起成長時，其實是同一個有機體。當我們交朋友時，也都是在與彼此結合，成為某種比個人更龐大的存在。

當一個內向的人，或是享受獨處，都是很棒的事，但每個人最終還是需要友誼提供的愛與支持。找到好的朋友，當一位好的朋友，都是你接下來的人生中非常實用的技能。學會當一位好朋友，你就能學會同情、耐心、體貼、如何愛自己也愛別人，以及更多事情。心情不好時，朋友會在乎你。如果你的朋友遇到困難，你也可以學會照顧別人。在你出發尋找地精同伴前，請記得友誼能帶來的種種好處。

但交朋友不總是那麼簡單，尤其如果你和很多地精一樣，常常被當作怪人。以下是吸引並培養地精團體的一些想法。

上網。這是尋找其他地精最明顯的方法。網路上什麼都找得到，地精朋友也不例外。每一個社群媒體都有充滿地精之心的群組，不論是 TikTok、Twitter、Tumblr、Reddit 還是 Discord，而且挺活躍的。趕快加入地精社群聊天吧。

加入俱樂部。你的社區很可能有比你想像中還要多的各式俱樂部，其中應該至少有幾個會與你的興趣有關。例如爬山健行，或是週末一起清除入侵種植物的社團。你家附近的圖書館或許有主題讀書會，或是附近的手工藝店員有認識的相關社團。你可以加入社區花園或賞鳥協會，甚至是網路上的石頭收集群組。你不需要找到一個囊括所有地精興趣的社團，只要至少一個興趣相同，你就能交到地精朋友了。

報名課程。這和加入俱樂部很類似，只是多了學習技能的好處。圖書館應該有各種不同領域的課程，你可以考慮從這邊開始找。植物繪畫、編織籃子、冰上釣魚、醃漬、製作與使用天然染料、手工飾品、家庭堆肥等等與地精有關的主題，都能提高你遇見同類的機率。和陌生人一起學習，一開始或

在網路上分享個人資訊時務必小心。聽起來老掉牙，但就算在今天，這個建議仍舊很有用。你永遠不知道自己在和誰對談，也永遠不知道個資會跑到哪裡去。不要因為這樣就不敢加入線上地精社群，只要確保你能保持安全、明智，不隨便公開個人資訊即可。

許有點嚇人，但其實是很好的關係建立經驗。班上的每個人大概都和你有一樣的感覺，坦誠交流正是建立情誼的好方法。找到符合自己興趣的課程，就能找到地精朋友。（譯註：實際去國立臺灣圖書館的網站找了一下，課程大概有：手工肥皂、國畫、風景寫生、旅遊寫生、油畫、刺繡等，多少也和「地精生活風格」有關）

規劃地精式活動。如果你比較有冒險精神，可以考慮舉辦地精活動，就能直接把社區裡的地精吸引到門前。例如在社區公園辦一人帶一道菜的野餐會、回收物手工藝之夜、你最愛的地精之心電影馬拉松、舊衣交換會，或是角色扮演桌遊之夜。你可以邀請現有的朋友來，並請他們帶其他有興趣的人一起參加，或是在社區宣傳你的活動。你家附近一定有其他地精也在找地精朋友，他們會很樂意聽見你辦活動的。

找到他們後，要怎麼建立關係呢？交朋友最困難的部分，就是第一次和對方說話。這個過程可能會很怪、很尷尬，但只要能和一個朋友一起度過一次不自在的對話，仍是值得的。即使建立關係是一個充滿壓力的過程，還是有些策略和訣竅可以讓它更容易。

誠實第一。誠實是接受一個人的不完美很棒的方式。如果你能坦承自己的弱點，那你就是在對他說你能接受自己的缺陷與怪異，程度可以到不會對別人的缺陷與怪異品頭論足。用坦承自己的小缺點來開啟對話，例如和這個人講話或是加入課程讓你很緊張，或是你不太確定自己的手工藝到底如何等等。你不必分享太多細節（也要記得別太自我貶抑），和你說話的人可能也很緊張。你的坦誠會換來對方也對你坦誠，製造雙方接受自己不完美之處的空間。

多讚美。練習過在各個地方看到美之後，你或許就會變得擅長讚美別人了。畢竟每個人都有獨特、很酷或很美的地方，不論是戴了個有趣的別針、鮮豔的袋子、上面有小球的帽子，或是其他沒那麼明顯的東西，例如很有幽默感或廚藝驚人等等。沒有什麼能比真誠的讚美更能帶來溫暖了，因此記得多注意對方的美，讓自己多一個朋友吧！（在你真的熟識一個人之前，最好只評論對方可以控制的東西，例如個人特質、技能與風格，盡量不要談對方身體的任何部位，不管對方的眼睛有多美都一樣。）

問問題。身為一個好的社群成員，你應該多為別人想，而表現為別人著想的一個好方法，就是問問題。問你的新朋友問題，可以說明你對他們有興趣、在乎他們。如果你有機會讓別人覺得自己很特別、有人在乎，何不好好把握？留意新朋友的好惡，對什麼主題有著有趣的想法，然後請對方多談論。多追問一些朋友提到的事情、想法和建議，確保他們知道你很重視他們，就像他們重視你一樣，這是當一位好的團體成員必須做到的重點。

找到共通點。你知道本書講的「讓自己舒服」並不限於身體上的舒適嗎？你可以找到和新朋友的共通點，以此讓自己在對話中更舒服。把對話導向你們都喜歡的東西，談話才不會變得尷尬或是只有一個人在講。如果你想讓自己在某個人身旁時覺得自在，找到共同點就是捷徑，包括問問題、列出自己有興趣的主題、觀察新朋友身上有沒有什麼透露出興趣的特徵（例如身上的T恤或隨身攜帶的書）等各種方法。找到兩人都在乎的主題，是能讓你在不熟的人面前感到自在的好方法。

記住幾乎每個人都想交朋友。當你和陌生人說話時，很容易覺得自己是世界上唯一一個在找新朋友的人。這並不是真的。尋找想法和自己相近、理解自己、能給自己帶來舒適感的人，是一個很能讓人變得更強大的經驗，而大多數人都在尋找這樣的體驗。當你遇到新朋友時，請提醒自己，對方對友誼及其各種好處的興趣就和你一樣多。記住這點，你就會很驚訝地發現，別人經常很高興你想交朋友。

自我照顧指的遠遠不是只有洗臉或偶爾洗澡這麼簡單。重點是要確保自己以心理健康為優先，照顧身體需求，同時追求自己的幸福。自我照顧對每個人的意義都不一樣，那也沒關係。每個人想要與需要的東西難免不同。花一些時間瞭解自我照顧對你來說是什麼意思，是在一座對授粉動物友善的花園裡工作、天黑後到沙灘上散步、花時間閱讀收藏的民間傳說，或是洗一次真正意義的泥巴浴。

最後，自我照顧的重點還是提醒自己，你是值得在世上擁有一席之地的，同時持續替自己把那個一席之地做出來。人生的大風大浪有時會讓你忘記照顧自己，但你花在善待自己、替自己找到力量的時間越多，你的感覺就會越舒服，也就越能給予別人他們需要的東西。照顧自己是根本，代表你屬於這個世界。

踏上地精之路

整體而言，現代社會比較重視從眾和一致，而不是追求個人的舒適與風格。地精之心適合所有覺得世界沒有給他空間、沒有屬於自己地方的人。擁抱地精生活風格，代表接受所有讓你與眾不同的特徵，並體認到這些正是你身上最酷、最好的地方。希望當你擁抱地精屬性，你就能覺得自己有被注意，同時想起不論你選擇怎麼過日子，背後都有一群人支持你，還有許多樂趣在等著你。

不論你的品味如何，總是能找到方法把地精精神融合到生活中。不論你是住在鴿子籠公寓、郊區的透天厝，還是改裝過的舊校車，你都能把舒適、綠意盎然的環境帶進你家，打造對你來說最完美的居住空間。不論你喜歡穿裙子還是牛仔褲、運動鞋還是高跟鞋、自製毛衣還是店裡賣的連帽衫，你都能優先選擇穿著讓你舒適的衣服。這才是地精生活風格的重點：找回個人舒適感與風格，提醒自己你也屬於這個世界，不管世界看起來有多想把你排除在外。

推崇地精本性，表示我們要讚揚我們的熱情、確保我們有權接觸到綠地、傾聽身體的需求、對世界充滿好奇，永遠把舒適感放在首位。記得要收集很酷的石頭、尊重昆蟲，以及讓自己更怪。如果你想把自己弄髒，歡迎進入泥巴堆和樹叢。如果你屬於比較整潔的那種人，仍然可以當地精，只是你收集的動物骨頭會擺放得比隔壁那位地精整齊一點而已。

這就是為什麼身處地精社群這麼棒：總是有人喜歡做你沒興趣的事，而那個人可以為你有興趣的事帶來不一樣的觀點。聚在一起讓地精變得更強、更怪。

地精之心不只是一種裝飾風格，也不限於呼籲大家穿比較舒適的衣服（雖然這些東西確實都是地精之心的一環）。地精人生的重點，是為你怪異、髒亂、難以啟齒的需求與願望製造空間，就算今天心情不好又全身濕黏，世界上依然有你的空間。站起來，在你的沼澤裡製造空間給所有人，包括每一種人，不論他們和你有多麼不同。多看看我們這顆充滿泥巴的地球，想想你要怎麼讓這裡成為更怪、更多泥土、更真誠、更有趣的地方。這才是地精模式的真諦。